Ullstein Krimi

Ullstein Krimi
Lektorat: Martin Compart
Ullstein Buch Nr. 10269
im Verlag Ullstein GmbH,
Frankfurt/M – Berlin – Wien
Übersetzt von Hans-Ulrich Seebohm,
Dolf Strasser und Brigitte Walitzek

Umschlagentwurf:
Atelier Noth & Hauer, Berlin
Foto-Graphik:
Welfhard Kraiker & Karin Szekessy

Printed in Germany 1984
Gesamtherstellung:
Ebner Ulm
ISBN 3 548 10269 7

September 1984

CIP-Kurztitelaufnahme
der Deutschen Bibliothek

Alfred Hitchcocks Kriminalmagazin. –
Frankfurt/M; Berlin; Wien: Ullstein
Einheitssacht.: Alfred Hitchcock's
mystery magazine <dt.>

NE: Hitchcock, Alfred [Hrsg.]; EST

Bd. 163. Neue Kriminalstories
mit Pfiff und Pointe / hrsg. von Wolfgang
Proll. [Übers. von Hans-Ulrich
Seebohm . . .]. – 1984.
(Ullstein-Buch; Nr. 10269:
Ullstein-Krimi)
ISBN 3-548-10269-7
NE: Proll, Wolfgang [Hrsg.]; GT

In der Reihe
Ullstein Bücher
Alfred Hitchcocks
Kriminalmagazine

Band 113 (10035)
Band 114 (10039)
Band 115 (10043)
Band 116 (10051)
Band 117 (10055)
Band 118 (10059)
Band 135 (10156)
Band 136 (10160)
Band 137 (10164)
Band 138 (10168)
Band 139 (10172)
Band 140 (10176)
Band 141 (10180)
Band 142 (10184)
Band 143 (10188)
Band 144 (10191)
Band 145 (10195)
Band 146 (10199)
Band 147 (10203)
Band 148 (10207)
Band 149 (10211)
Band 150 (10215)
Band 151 (10219)
Band 152 (10223)
Band 153 (10227)
Band 154 (10231)
Band 155 (10235)
Band 156 (10239)
Band 157 (10243)
Band 158 (10248)
Band 159 (10252)
Band 160 (10257)
Band 161 (10261)
Band 162 (10265)

ALFRED HITCHCOCKS KRIMINALMAGAZIN

BAND 163

NEUE KRIMINALSTORIES
MIT PFIFF UND POINTE

Herausgegeben
von Wolfgang Proll

Ullstein Krimi

Inhalt

Lieber Leser,

die für diesen Band ausgewählten und übersetzten Kriminalgeschichten bieten Ihnen nicht nur die gewohnte Themenvielfalt – von der arglistigen Täuschung über Erpressung bis hin zu Raubüberfall, Rauschgifthandel und Mord in mehreren Varianten –, sondern auch eine Reise durch verschiedene Jahreszeiten und Klimagebiete, wenn auch nicht in geordneter Reihenfolge.

Es beginnt zur Zeit der Orangenblüte im südlichen Kalifornien, wo die Lebensgeschichte zweier ungleicher *Schwestern* für eine von beiden ein unschönes Ende nimmt. Dann kommt ein Sprung in den tiefsten Winter in einer stark skandinavisch angehauchten Kleinstadt in Minnesota, wo ein vom Wetterbericht als »Bewölkung mit leichter Schauerneigung« angekündigter Schneesturm die Bürgersteige einen halben Meter hoch zuweht und damit für *Verdeckte Spuren* sorgt. Ein *Augenblick der Wahrheit* ist von Jahreszeit und Witterung unabhängig, daher ist auch nicht genau festzustellen, wo und wann diese Story von Carroll Mayers spielt.

Auf *Dreimal Holz* muß man klopfen, um Grandma und Pixy Erfolg bei der Aufklärung eines mysteriösen Falles zu wünschen, der – Hinweisen auf blühende Gärten, Schlafen bei offenem Fenster und die zu beschneidende Geißblatthecke nach zu schließen – wieder zur warmen Jahreszeit passiert. Schauplatz ist das Heimatstädtchen der beiden, von dem man diesmal zwar eine Menge Straßennamen kennenlernt, aber noch immer nicht erfährt, wo genau es eigentlich liegt.

Auf der südlichen Erdhalbkugel, in Australien, wo Jahreszeiten und Klima einem anderen Rhythmus folgen, weiß vermutlich jeder, zu welcher Jahreszeit Saison für Spinnen ist, und wie man sich am besten vor ihnen schützt – bis auf *Wally den Dummkopf*, der sich fast in einem noch viel gefährlicheren Netz verfangen hätte.

Die *Botschaft von Marsha* trifft auf recht ungewöhnliche Weise ein und führt dazu, daß die Hochzeitsreise wohl noch einige Jahre auf sich warten läßt. Da kommt es also nicht so auf die Jahreszeit und das Wetter an.

Ausführlich beschrieben wird dagegen der *Sommer in der Neptune Street* und das Reizklima dieses kleinen Badeortes vor der Südküste der Vereinigten Staaten mit seinem freizügigen Strandleben und heißen Discos, mit teilweise skurrilen Gesetzen und seiner streng gegliederten sozialen Struktur. Ein Urlaubsparadies voller Gegensätze, in dem ein scheinbar sinnloser, grausamer Mord die fast mediterrane Atmosphäre stört...

Doch gleich, zu welcher Jahreszeit und bei welchem Wetter Sie dieses Buch zur Hand nehmen, viel Lesespaß wünscht Ihnen

Ihr Herausgeber

Ernest Savage

Schwestern

»Verdammt noch mal«, grollte Inspektor Wells. »Sieht nicht so aus, als wäre der Mann ein Penner gewesen.«

Luis Escalera kauerte neben den Knien der Leiche. Ich beugte mich vor und teilte die niedrighängenden Zweige des Orangenbaumes, unter denen Kopf und Schultern des Mannes verborgen waren.

»Meinen Sie die Schuhe?« fragte ich.

»Und den Anzug. Der stammt nicht aus den Beständen der Wohlfahrt, Peck. Verdammt noch mal.« Wells nahm die Schirmmütze ab und fuhr sich mit der Hand über die Dreiviertel seines Schädels, auf denen ehemals Haare gesprossen waren. Ich wußte, was er meinte. Ein Penner wäre ihm lieber gewesen. Mir übrigens auch. Ein Penner war einfacher. Weniger Arbeit.

Es war noch nicht einmal acht Uhr morgens. Die Luft war frisch und klamm von der langen Frühlingsnacht, die Sonne stand noch niedrig am östlichen Himmel. Der Duft gerade aufbrechender Orangenblüten stieg mir betäubend in die Nase. Und trotzdem erkannte ich auch den kupfrigen Geruch von Blut, der von dem Kopf des Nicht-Penners aufstieg, den irgend jemand zu Brei geschlagen hatte.

Wells befand sich mitten in einem Entscheidungsprozeß, was ihn leiden machte. Dieser Tag machte alles Wells leiden: Der Mord. Die sieben anderen Morde, die es seit Anfang des Jahres in Clausen gegeben hatte. Er litt auch darunter, daß Clausen – *seine* Stadt – in den letzten zwanzig Jahren unaufhaltsam gewachsen war, denn jeder Neuankömmling bedeutete eine potentielle Steigerung der Kriminalitätsrate. Wells konnte Verbrechen nicht verstehen. Er haßte sie nur. Schlicht und einfach und von Herzen. Sie brachten ihn um. Schritt für Schritt. Stückweise. Ein Zahn hier, ein Büschel Haare da. Und ein immer schlimmer werdendes Magengeschwür.

Luis dagegen versteht das Verbrechen. Er ist ein kleiner, brauner, drahtiger Chikano, schnell und schlau wie ein Wiesel. Außerdem besitzt er die Fähigkeit, sich einfach unsichtbar zu machen, während man zusieht, was er auch gerade jetzt tat. Er wurde eins mit der braunen Erde des Orangenhains, auf der er kniete, verschmolz mit ihr. Wells konnte ihn nicht mehr sehen. Wells sah nur noch mich.

»Sergeant Peckinpaugh«, sagte er mit seiner strengen Kommandostimme, »Sie übernehmen diesen Fall. Sergeant Escalera«, meinte er dann zu dem wieder sichtbar werdenden Luis, »Sie bearbeiten weiter den Park-Plaza-Fall. McVey und Bailey werden spätestens um neun hier sein«, fügte er dann an mich gewandt hinzu, drehte sich um und marschierte zwischen zwei schnurgeraden Reihen Orangenbäumen, die wie Soldaten wirkten, die zehn Meter zum Prince Albert Drive, auf dem sein Auto geparkt stand.

Langsam richtete Luis sich aus der Hocke auf und grinste mich an. »Dann einen buenas Morgen, Kumpel«, sagte er und folgte mit elastischem Gang in Wells' Kielwasser.

»Und einen guten dias für dich, amigo.«

So ist das eben, wenn es mehr Verbrecher als Polizisten gibt. Der Park-Plaza-Fall war ein Job für mindestens zwei Männer; es ging immerhin um Kokain. Während das hier –

Ein Zeitungsjunge hatte um Viertel vor sieben die Leiche des Mannes gemeldet. Vier Minuten später riß Wells mich aus dem Schlaf. Meine Schicht fängt um acht an, und ich murmelte in den Hörer, daß die Leiche doch sicherlich warten könnte. Aber Wells arbeitete nicht nach Schichten oder auch nur nach Stunden. Er sagt, die Verbrecher tun es nicht, wie können wir dann? Und nach zwölf Jahren Tätigkeit bei der Clausener Polizei habe ich immer noch keine überzeugende Antwort darauf gefunden. Vielleicht gibt es keine.

Der tote Mann lag auf dem Gesicht. Die Füße in den fast neuen Schuhen, die Wells als erstes aufgefallen waren, ragten unter dem Baum hervor. Er war vor mehreren Stunden durch einen Schlag auf den Kopf getötet worden. Das Blut auf dem Hemdkragen war bereits getrocknet.

Ich richtete mich auf und atmete die parfümierte Luft ein. Der Orangenhain gehörte den Brysons, war etwa zu Anfang des Jahrhunderts angelegt worden und hatte bis zu diesem Tag nur friedvolle Tage gesehen. Die Gassen zwischen den Baumreihen waren erst kürzlich geeggt worden, der Boden zu weich, trocken und krümelig für Fußabdrücke, die man als brauchbare Spuren hätte nehmen können. Trotzdem sah es nicht so aus, als wäre die Leiche an diesen Platz geschleppt worden. Und von dem (mutmaßlichen) stumpfen Gegenstand, mit dem der Mann getötet worden war, war keine Spur zu sehen.

Ich ging tiefer in den Hain hinein, von der Straße weg, und wandte mich dann ein paar Baumreihen nach rechts, bis ich das Haus der Brysons am anderen Ende sehen konnte. Es war alt und verwittert, grau und trist. Zu beiden Seiten und hinter diesen zehn Morgen sich hartnäckig haltender Bäume lagen neue Wohnblocks. Selbst als ich noch ein Junge war, von Wells Kinderzeit ganz zu schweigen, hatte es entlang dem Prince Albert Drive meilenweit nichts anderes gegeben als Orangenhaine. Jetzt sind im ganzen vielleicht noch vierzig Morgen übrig. Die Haine weichen mehr und mehr in die Hügel und auf das Plateau im Osten zurück. Es ist nicht mehr dasselbe. Es ist nicht mehr so gut wie früher. Es ist nicht gut, dieses ungehemmte Wachstum der Stadt. *Vita maxima*; so haben die Ärzte früherer Zeiten Krebs bezeichnet.

Ich ging an einem Küchengarten vorbei, in dem die ersten Pflanzen aufschossen, und klopfte energisch an die Fliegentür einer Veranda, die sich an die Rückseite des Hauses klammerte. Auch sie war mit Fliegendraht verspannt, der überall große Rostflecken hatte. Das Haus war so alt wie der Hain, aber weniger gepflegt. Typisch für die Rancher. Licht fiel durch ein Fenster, das auf die Veranda ging, und eine Frau kam an die Hintertür, die wahrscheinlich in die Küche führte, und fragte scharf: »Was wollen Sie?«

»Ich bin Sergeant Peckinpaugh von der Clausener Polizei«, sagte ich. »Vorne in Ihrem Hain, fast an der Straße, liegt die Leiche eines ermordeten Mannes, und da dachte ich, ich frage Sie mal, ob Sie etwas darüber wissen.«

»Das ist mal etwas anderes«, sagte sie, unberührt und immer noch mit scharfer Stimme. »Betrunkene haben schon da gelegen und sicher sind zahlreiche Kinder dort gezeugt worden, aber einen Toten hat es noch nie gegeben. Und was soll ich jetzt unternehmen?«

»Ich dachte, Sie hätten vielleicht etwas gehört«, sagte ich. »Er wurde mit einem stumpfen Gegenstand erschlagen – was manchmal eine lautstarke Angelegenheit ist.« Mein Magen knurrte. Kein Frühstück, nicht einmal eine Tasse Kaffee, und lächelte sie etwa durch das Fliegengitter?

»Ich schlafe den Schlaf der Gerechten«, sagte sie, »und habe nichts gehört, nur die Chöre der Engel. Aber vielleicht meine Schwester.«

»Die vermutlich weniger gerecht ist als Sie?« sagte ich. Kein

Frühstück, keine Manieren, eine Gleichung, die nicht umzuwerfen ist. Und ja, sie lächelte, als sie die Fliegentür öffnete.

»Kommen Sie rein«, sagte sie. »Und finden Sie es selbst heraus. Wenn Sie es wagen, sich ihren Zorn zuzuziehen. Kaffee, Sergeant?«

McVey würde erst in einer Stunde hier sein. Die Chance, daß ein Passant Schaden an der Leiche anrichtete, war gleich Null. Ich trat durch die Tür.

Sie hieß Angela Bryson. Miss. Ihre Schwester hieß Melba Parks und war verwitwet. Miss Bryson verfrachtete mich an ihren Küchentisch und servierte mir ein riesiges Glas Orangensaft, einen Berg Buttermilchpfannkuchen und soviel Kaffee, wie ich nur wollte. Sie hatte schon gegessen, sagte sie, trank aber mit mir Kaffee, rauchte Zigaretten und erklärte mir die Familie. Sie hatte das Gesicht von Grant Woods amerikanisch-gotischem Frauenbildnis, bloß konnte ihres auch lächeln. Sie war groß und knochig und hatte knorrige Hände mit großen Knöcheln. Sie trug Jeans und ein sauberes, blaues Arbeitshemd und war gebaut wie ein Feldarbeiter, nicht wie eine Frau. Sie war ungefähr siebzig Jahre alt, schätzte ich, und hatte noch eine gute Reihe von Jahren vor sich. Melba, sagte sie, war eine richtige »Schlafmütze« und lag noch im Bett.

»Daher der mögliche Zorn?«

»Sicher. Sie hütet ihren Schlaf wie ihren Augapfel, und selbst der vorliegende Fall dürfte nicht wichtig genug sein, die vorhersehbaren Reaktionen zu riskieren.« Sie zuckte die Schultern. »Wir haben bis zehn Uhr ferngesehen und sind dann ins Bett gegangen, wie Sie wahrscheinlich in aller Schärfe erfahren werden. Wir schlafen beide sofort ein – es liegt in der Familie. Aber natürlich müssen Sie entscheiden, was Sie tun wollen.«

Es war eine Art Herausforderung, deshalb stand ich auf und bat sie, mir den Weg zu zeigen. Sie führte mich ins Wohnzimmer und deutete auf eine geschlossene Tür. Ich öffnete sie leise und sah das Gesicht einer schlafenden Frau, die das Federbett bis unters Kinn gezogen hatte. Dann zog ich die Tür leise wieder zu. Ich war halb zu diesem unbehaglichen, voyeuristischen Moment gezwungen worden und sagte, verärgert über mich selbst: »Sie ist jünger als Sie.«

Miss Bryson lachte und verwies mich damit wieder auf meinen Platz. »Ja, Sergeant, das ist sie. Sie war es schon immer.«

Im Wohnzimmer stand ein gefährlicher, nicht den Vorschriften entsprechender Heizofen, aber der kümmerte mich im Augenblick nicht. Zwei durchgesessene, dick gepolsterte Sessel standen vor einem Fernseher, der fast noch so neu war wie der Morgen. An der einen Wand befand sich ein überquellendes Bücherregal, an der gegenüberliegenden ein riesiger Kamin aus Feldsteinen, geschwärzt vom Rauch und voll mit alter Asche. Daneben ein leerer Holzkorb, eine Schaufel, Kohlenzange und eine Bürste. Abgetretenes Linoleum bedeckte den Boden. Es hatte dasselbe Muster wie der Belag in der Küche und war wahrscheinlich vierzig Jahre zuvor als Sonderangebot auf dem Markt gewesen. Aus alter Erfahrung wissen die Leute in unserer Zitrusfrüchtestadt, daß man alle zehn Jahre das große Geschäft macht, den Rest der Zeit aber hart um seine Existenz kämpfen muß. Das Haus und die Frau trugen die Spuren dieses Kampfes.

»Mein Vater hat dieses Haus 1908 gebaut«, sagte sie. »Ich wurde fünf Jahre später hier geboren, Melba vier Jahre nach mir. Vater starb 1956, Mutter 1963. Melba zog 1944 von hier fort und kam vor einem Jahr zum ersten Mal wieder zurück. Wahrscheinlich werden wir beide hier sterben. Der Fernseher gehört ihr, die Bücher mir. Damit haben Sie die Geschichte der Brysons, schön säuberlich in einen Fingerhut verpackt. Es wird Ihnen bei Ihrer Arbeit zwar nicht viel helfen, aber«, fügte sie hinzu, »wir hatten in letzter Zeit wirklich eine ganze Menge Morde in Clausen, nicht wahr?«

»Ja, das hatten wir.«

»Wachstum«, sagte sie so voller Verachtung, daß Wells begeistert gewesen wäre.

»Hat Melba 44 einen Soldaten geheiratet? In den Kriegsjahren kamen ja viele Soldaten durch die Stadt.«

»Ja, das hat sie. Einen Leutnant Melvin Parks. Melvin und Melba. Sie sind sofort danach nach Norfolk in Virginia gezogen.«

»Und sie ist nie zurückgekommen? Erst vor einem Jahr?«

»Richtig. Mein Vater war strikt gegen ihre Heirat. Er verachtete Soldaten. Alle Soldaten, wie ich betonen muß.«

»Die guten wie die schlechten?«

»Alle, ohne Ausnahme.«

»Aber Ihr Vater starb vor fast dreißig Jahren, Miss Bryson. Da sollte man doch meinen –«

»Da war es bereits zu spät für eine Versöhnung, selbst mit mir. Außerdem haßte Melba die Farm, die Arbeit.«

»Auch heute noch, könnte ich mir denken.«

»Ja, auch heute noch.«

»Warum ist sie dann vor einem Jahr zurückgekommen?«
»Weil sie nirgends sonst hinkonnte.«
»Wie Frost sagte, daheim ist der Ort, an dem sie einen hereinlassen müssen? Meinen Sie das damit?«
»Ja, ob es einem nun gefällt oder nicht.«
Sie lächelte wieder, ich bedankte mich für das Frühstück und ging.

»Der Mann ist tot«, sagte McVey. »Falls Sie das von mir hören wollten.«
»Ja, und außerdem Namen und Adresse desjenigen, der ihn getötet hat.«
»Mein Gott, riechen Sie mal«, sagte Bailey. »So eine Luft gibt's in der Stadt schon seit Ewigkeiten nicht mehr. Da gibt es nur noch Smog.«
»Stumpfer Gegenstand«, sagte McVey, »wie jedes Kind Ihnen hätte sagen können, Peckinpaugh. Mindestens zwei Schläge auf den Hinterkopf, durch die Zweige des Baums, von oben nach unten. Suchen Sie einen stumpfen Gegenstand, der wie ein Brautbukett riecht.« Er ließ Bailey die Leiche unter dem Baum hervorziehen und umdrehen. »Plus«, fügte er hinzu, »zwei Schläge gegen die Vorderseite des Kopfes, die wir Wissenschaftler als Gesicht bezeichnen. Oder in diesem Fall wohl besser als den Teil des Kopfes, der früher einmal ein Gesicht war. Wissen Sie jetzt, weshalb er tot ist, Peck?«
»Geben Sie mir nur den Namen und die Adresse des Mörders, und ich begrabe den Menschen gleich hier an Ort und Stelle.«
McVey stand auf, und ich bückte mich, um die Taschen des Toten zu durchsuchen. Sie waren natürlich leer.
»Raub, nicht wahr?« sagte Bailey.
»Bringen Sie die Bahre her«, sagte McVey zu ihm, und die beiden hoben den steifen Körper hinauf. »Totenstarre«, sagte McVey. »Auch bekannt als Koagulation des Muskelproteins, Sergeant. Wenn Sie eine Schätzung haben wollen, würde ich sagen, daß er vor ungefähr sieben bis zehn Stunden aufgehört hat zu atmen. Fünfundsechzig bis siebzig Jahre alt, nach Haar- und Hautbeschaffenheit zu schließen. Hundertsechzig bis hundertsiebzig Pfund – stimmt's, Bailey?«
»Stimmt, Boss.«
»Einsfünfundachtzig, einsneunzig. In guter Verfassung für einen Mann seines Alters, selbst Ihres Alters, Peckinpaugh.«

»Auf jeden Fall«, sagte Bailey mit einem fast idiotischen Grinsen, »wissen wir, daß es kein Selbstmord war.«

»Gehen wir«, sagte McVey.

Ich sah mir den Flecken Erde an, auf dem die Leiche gelegen hatte, fand aber nichts Interessantes. Dann schritt sich die ganze Breite des Orangenhains auf der Suche nach Spuren ab, fand aber keine, bis auf meine eigenen, die zum Haus und wieder zurück führten.

Am nördlichen Ende des Hains führte eine kiesbestreute Auffahrt vom Prince Albert Drive zu einer Mischung aus Scheune und Garage etwa fünfzig Meter vom Haus entfernt. Drinnen stand ein viertüriger Cadillac Baujahr 1970, ein alter Fordson-Traktor und außerdem angesammeltes Gerümpel aus einem Dreivierteljahrhundert. Ein Großteil des Gerümpels war aus Metall, angefangen bei alten Sprungfederrahmen, bis hin zu einem Haufen Baueisen, die an einer Wand lehnten. Ich sah sie mir genau an, zählte zwanzig Stück, alle gleichermaßen verrostet und bedeckt mit dem Staub und den Spinnweben vieler Jahre. Sie waren etwa zwei Zentimeter dick und ungefähr einen Meter zwanzig lang, ideal zum Zuschlagen. Aber mein Umsehen hatte nichts weiter zu bedeuten, war reine Routine und eigentlich nur Zeitverschwendung, nur dazu gut, die langen Berichte zu füllen, die Wells so gerne liest.

Außer meinem war weit und breit kein anderes Auto am Prince Albert Drive zu sehen gewesen, möglicherweise weil Parken dort verboten ist. Aber die Schuhe des Opfers zeigten, daß der Mann nicht zu Fuß hierher gekommen war. Er mußte also ein eigenes Auto haben, oder er war per Taxi gekommen.

Per Taxi, wie sich herausstellte. In der obligatorischen Fahrtenliste von Ace Cab, einem Taxibetrieb in der Nähe des Bahnhofs, war verzeichnet, daß er um zehn nach elf letzte Nacht im Block achtzehnhundert des Prince Albert Drive abgesetzt worden war. Zwanzig Minuten vorher hatte er vor dem Motor Inn das Taxi von Ellison Smith angehalten, einundzwanzig Jahre alt, tagsüber Student am örtlichen Zweig der Universität Kalifornien, von sechs Uhr abends bis drei Uhr morgens Taxifahrer zur Aushilfe.

»Und zwar ein guter«, erzählte mir Harry Randall. Ich kenne Harry ziemlich gut. Er ist schon seit Jahren der Leiter von Ace Cab.

»Die meisten Studenten halten vielleicht einen Monat durch, höchstens auch mal zwei«, beklagte er sich, »und dann geben sie wieder auf. Aber Elly ist schon das ganze Jahr bei mir, Ferien eingeschlossen. Er studiert im zweiten Semester Medizin und ist ein guter Arbeiter. Ich würde wetten –«

»Harry, das will ich ja alles gar nicht wissen. Sagen Sie mir lieber, wo er wohnt.«

Er sagte es mir und fügte hinzu: »Ich wette, daß er den ganzen Sommer durchhält, Peck, und er wäre der erste.« Er lächelte, sehr zufrieden mit diesem Ellison Smith.

Es war halb eins. Ich aß nicht viel zu Mittag, weil ich abends bei der Mutter meiner Freundin, Bonny Johnson, zum Essen eingeladen war. Und Martha Johnson, die großartigste zukünftige Schwiegermutter der Welt, glaubt nun einmal fest daran, daß der kürzeste Weg zum Traualtar durch den Magen eines Mannes führt. Bonny ist Lehrerin für Englisch und Sport an der alten, ehrwürdigen High School von Clausen; außerdem kann sie im Prince Albert Country Club so viele Tennisstunden geben wie sie will. Wenn ich einmal soviel Geld verdiene wie sie, werde ich den Gang durch den blumenbestreuten Mittelgang der Kirche riskieren, der ihrer Mutter so sehr am Herzen liegt. Die Chancen stehen nicht schlecht. Jedes Jahr kann es soweit sein.

Luis saß an seinem Schreibtisch, der meinem gegenübersteht. Er sah mürrisch aus, aber das ist nun einmal der natürliche Ausdruck seines Mestizengesichts. Auf seinem Schreibtisch lagen fünf Aktenhefter, auf meinem sechs, den neuen mitgezählt, auf dem MORD/ RAUB – IDENTITÄT UNBEKANNT stand.

Wells tauchte aus seinem Büro auf, beugte sich über meinen Rücken, und ich sagte, ehe er fragen konnte: »Keine Identifizierung, noch nicht. Taschen leer. Möglicherweise Raub das einzige Motiv, aber die zahlreichen Schläge lassen eher Rache vermuten. Außerdem glaube ich, daß er dort draußen hingelockt wurde. Der Anzug ist noch besser, als Sie vermutet haben. Geschätzter Wert mehrere hundert Dollar, gekauft bei Burnham & Jones in Detroit, Motown. Wahrscheinlich ist er im Motor Inn abgestiegen, was ich sofort überprüfen werde, wenn ich mich durch diesen Berg auf meinem Schreibtisch gewühlt habe, für den ich keine Zeit habe. Ich – ist das eigentlich fürs Erste genug, oder wollen Sie noch ein paar Spekulationen hören, trotz Ihrer Vorliebe für harte Beweise, Boss? Es könnte natürlich auch sein, daß der Anzug in Detroit geklaut und unter der Hand in Kansas-City an unseren Mann weiterverscherbelt wurde, oder –«

»Es wird«, sagte Wells, bevor er sich umdrehte und ging, »heute abend in allen Zeitungen stehen. Auf der Titelseite. Der achte Mord in diesem Jahr, vier davon noch ungelöst. Ich erwarte Tag- und Nachtarbeit von Ihnen, Peckinpaugh.«

Escalera füllte die vor Spannung vibrierende Leere, die hinter Wells zurückblieb. »Tatsache ist«, sagte er, »daß mein Typ ein Verteilernetz braucht. Er bringt das Zeug mit der Yacht über Newport herein, das wissen wir, aber was dann?«

»Hat er letzte Woche die Fahrt nach Ensenada gemacht, wie wir vermutet haben?«

»Ich weiß es noch nicht sicher. Woher soll ich die Zeit nehmen, hinzufahren? Rhetorische Frage. Vergiß sie.« Er grinste und zeigte seine Goldfüllungen. »Heute morgen habe ich mit dem Bootshafen telefoniert. Er war mindestens achtundvierzig Stunden weg, vielleicht auch mehr, reichlich Zeit für Ensenada, aber vielleicht war er auch nur in Catalina und hat dort geankert. Wer weiß. Vielleicht nimmt er die Ware auch dort an Bord.«

Es ist Kokain, was der Typ vielleicht in Ensenada an Bord nahm, oder auch in Catalina. Oder bei einem Rendezvous auf hoher See. Das Zeug sickert durch jede Ritze in unserem blechernen Panzer nach Südkalifornien, und in letzter Zeit taucht es immer häufiger auch in Clausen auf. Zuviel davon wird durch einheimische Nasen geschnupft, bevor es seinen Weg nach Palm Springs nimmt, wo die Großverbraucher sitzen.

Luis weiß alles über Drogen. Er hat einen Bruder durch Heroin verloren, den Jungen, auf den die ganze Familie große Hoffnungen setzte. Unter Luis' anscheinend undurchdringlicher Haut brennt eine heiße Flamme. Was wir den Park-Plaza-Fall nannten, war bis heute morgen unser gemeinsames Baby gewesen. Jetzt nur noch seins allein. Immer ist die Armee der anderen größer als unsere. Immer steht einer allein gegen viele. Die anderen haben keine Gesetze, keine Gewerkschaften, keine festgelegten Arbeitszeiten, alles Dinge, von denen Wells sagt, daß auch wir nicht daran denken sollen. Aber es nervt. Es läßt einem keine Ruhe.

Ich stand auf und ging hinunter zu McVey. Er saß in seinem mit

Papieren vollgestopften Büro und sagte, als ich durch die Tür trat: »Noch nicht. Vielleicht um fünf. Oder morgen. Lieber noch am Montag, weil morgen nämlich Samstag ist, ein allseits respektierter arbeitsfreier Tag, selbst bei Mütterchen Rußland.«

»Für Sie vielleicht und für den Rest der Genossen, nicht aber für mich. Wo haben Sie eigentlich Ihren Doktortitel geschenkt bekommen? An der Moskauer Universität für Traktorreparatur?«

»Es war Leningrad, mein Lieber. Leningrad, nicht Moskau.«

»Rost«, sagte ich. »Vielleicht Rost in den Wunden? Plus Spinnweben und Staub? Ja?«

»Asche«, sagte er. »Wäre Asche Ihnen recht, oder haben Sie auch Vorurteile gegen die Überreste verbrannten Holzes? Holzasche?«

»Holzasche? In den Wunden?«

»Ja. Wahrscheinlich Eiche.«

»Orange vielleicht?«

»Nicht wahrscheinlich. Orangenholz brennt zu fein. Was haben Sie gegen Eiche? Sie stecken wirklich voller unverständlicher Abneigungen, Sergeant.«

»Sie haben recht. Und was ist mit dem Rest unseres Besuchers aus dem Osten?«

»Noch nichts. Ich habe mir nur den Kopf angesehen. Er wurde am Kopf umgebracht, Peckinpaugh. Zuviel Trauma für den Kopf. Irgend jemand konnte ihn nicht sehr gut leiden.«

»Ein recht weitverbreitetes Leiden. Schon Fingerabdrücke abgenommen?«

»Ihr Durchschlag«, sagte er herablassend, »liegt wahrscheinlich bereits auf Ihrem Schreibtisch.«

»Meinen allervorzüglichsten Dank, Mac«, sagte ich und ging.

Marge Kelland sagte: »Ich wollte dich schon anrufen, Jeffry. Er hat sich gestern nachmittag um halb fünf eingetragen. Kein Auto. Er sagte, er wüßte noch nicht genau, wie lange er bleiben würde, vielleicht nur eine Nacht, aber als das Mädchen heute mittag sagte, sein Zimmer sei nicht benutzt, das Bett nicht einmal aufgeschlagen, da fing ich doch an, mir Sorgen zu machen.« Sie schloß die Tür von Zimmer 12 auf, und wir gingen hinein.

Es war sauber und ordentlich, alles da, wo es hingehörte, und es sah unbewohnt aus. Im Schrank hing ein gedeckt grüner Anzug mit feinem Karo, gute Ware von J. L. Hudson, Detroit. Im Badezimmer waren auf der Ablage unter dem Spiegel Rasierutensilien und Zahnputzzeug aufgereiht. Die Zahnbürste war trocken. Auf dem Ständer am Fuß des Bettes lag ein geschlossener Koffer. Am Griff klebte ein Gepäckzettel der American Airlines.

Er hießt Charles L. Williams und wohnte 108, Cambridge Avenue in Ferndale, einem Vorort von Detroit. Das ging aus der Anmeldung hervor, die er ausgefüllt hatte. Ich fragte Marge, ob sie sich den Mann genau angesehen hätte, als er sich anmeldete. Sie hatte. Dann fragte ich sie, ob sie etwas dagegen hätte, ein paar Blocks mit mir zu kommen und sich die Leiche anzusehen, die wir vorrätig hatten, und sie wurde ganz blaß. »O nein«, sagte sie. »O nein, Jeffry. Das kann ich nicht. Ist er wirklich tot?« Ihre Augen waren riesig.

»Ich glaube schon«, sagte ich und führte sie aus dem Zimmer.

Auf meinem Schreibtisch lagen die Fingerabdrücke des Toten, genau wie McVey versprochen hatte. Aber inzwischen gab es ja sowieso keinen Zweifel mehr daran, wer er war.

Die Auskunft nannte mir seine Telefonnummer in Ferndale, ich wählte, ließ es vierzehnmal klingeln und hängte wieder ein. Dann rief ich die Polizei von Ferndale an und sprach kurz darauf mit einem Inspektor Ritter. Ich gab ihm die Einzelheiten des Falles durch und hörte Ritter den Atem anhalten und dann sagen: »Verdammt noch mal, doch nicht Charley Williams. Ich kenne ihn seit über zehn Jahren. Mann, ich habe meine drei letzten Autos bei ihm gekauft. Charley war im gleichen Klub wie ich. Sind Sie wirklich sicher mit der Identifizierung, Sergeant?«

»Nein. Deshalb rufe ich ja an. Hat er in Detroit Familie?«

»Nein, niemand. Charley war nie verheiratet. Er war dreißig Jahre bei der Air Force. Ist als Hauptfeldwebel ausgeschieden. Seitdem verkauft er Autos auf der Woodward Avenue. Mein Gott.«

»Ist Ferndale seine Heimatstadt?«

»Nein, New York, glaube ich. Aber er hat hier mehr Freunde als der Bürgermeister. Hören Sie, ich rufe Sie später zurück. Vielleicht finde ich hier jemand, der zu Ihnen rüberkommen möchte. Ich melde mich, sobald ich jemand habe. Mein Gott! Was für eine verdammte Schande.«

Er hängte ein, und ich saß da und seufzte. Kein Penner, dieser Mann. Mehr Freunde als der Bürgermeister in der Stadt, in der er gelebt hatte.

Es war vier Uhr. Ich tippte ein paar Notizen für die Akten und sah wieder auf die Uhr. Zeit für einen weiteren Anruf.

Ellison Smith lebte in einem der großen, zweistöckigen Häuser, die das Zentrum der Stadt bildeten, als sie vor hundert Jahren gegründet wurde. Die wenigen noch existierenden und noch bewohnten Häuser aus dieser Zeit, in einem Stil erbaut, der irgendwo zwischen viktorianisch und Queen Anne liegt, waren schon vor langer Zeit in Pensionen umgewandelt worden, und in einer von ihnen wohnte Smith. Er war nicht zu Hause. Seine Hauswirtin, eine Frau mit stahlkalten Augen und dünn wie ein Stecken, teilte mir dies mit und fügte hinzu, ich könne gerne warten, bis er nach Hause käme, was jeden Augenblick der Fall sein mußte. Auf der Veranda natürlich.

Eine Viertelstunde später tauchte am Ende der Straße ein neuer Dodge Challenger auf und hielt am Straßenrand vor dem Haus an. Er war braun und cremefarben. Der Wagen, den ich vor ein paar Monaten bei Morrison-Dodge in der Stadt angehimmelt hatte, war grün und cremefarben gewesen, und ich hatte ihn mir heiß gewünscht. Er hatte eine Karosserie, die sich mit jeder Miss Amerika messen konnte, und der Vierzylindermotor mit seinen 2557 Kubik sorgte für einwandfreie Fortbewegung. Aber ich konnte nicht einmal davon träumen, für ein Transportmittel so hoch in die fünfstelligen Zahlen zu gehen, und so war ich schleppenden Fußes und gebeugten Hauptes davongeschlichen.

Ein großer, schlaksiger, blonder Junge stieg aus dem Dodge, unter dem Arm einen Stapel Bücher, und kam auf die Veranda. Ich stand auf und sagte: »Mr. Smith?« Und er nickte, ein unverbindliches, aber spätere Herzlichkeit versprechendes Lächeln im Gesicht. Ich sagte ihm, wer ich sei und weshalb ich gekommen war. Das Lächeln verblaßte.

»Soll das heißen, daß er tot ist?«

»Mit einem stumpfen Gegenstand totgeschlagen, Mr. Smith. Etwa zehn Meter vom Prince Albert Drive entfernt im Orangenhain. Wo haben Sie ihn abgesetzt? So genau wie möglich, bitte.«

»Genau da. Sergeant. Mitten im Orangenhain. Keine Auffahrt, kein Haus, einfach nichts zu sehen. Nur die Bäume.«

»Kein Auto in der Nähe? Das auf ihn wartete?«

»Nein, Sir. Aber es war komisch – die ganze Sache. Er sagte, er wäre schon vierzig Jahre lang nicht mehr in Clausen gewesen, und er konnte all die Veränderungen einfach nicht verstehen. Und er war aufgeregt. Er sagte, er wollte zum Achtzehnhunderter-Block des P.A. Drive, aber wir hatten Schwierigkeiten, ihn zu finden. Ich meine, es gibt nur einen einzigen Briefkasten da, und der hat keine Nummer, sondern nur einen ganz verblaßten Namen.«

»Bryson?«

»Ich weiß es nicht. Er hat ihn gesehen, nicht ich, und er sagte, okay, fahren Sie noch fünfzig Meter weiter und halten Sie dann an.« Er zuckte die Schultern. »Das habe ich gemacht, und er ist ausgestiegen. Mitten im Nichts, mitten in der Nacht.«

»Vielleicht so, als folge er irgendwelchen Anweisungen?«

»Ja, genau so. Ganz genau so.«

»Könnten Sie ihn identifizieren?«

»Sie meinen die Leiche?« Es schockierte ihn nicht, immerhin war er ja Medizinstudent.

»Ja.«

»Ich glaube nicht, Sergeant. Ich meine, es war dunkel, und als Taxifahrer sieht man sich die Fahrgäste nicht wirklich an, nur dann, wenn sie Ärger machen. Frauen schon, aber Männer nicht. Außerdem war unter dem Hut sowieso nicht viel von seinem Gesicht zu sehen.«

»Er trug einen Hut?«

»Ja, Sir. Einen breitkrempigen Hut aus Donegal-Tweed. Wie Rex Harrison sie immer trägt. Echt Klasse.«

Na ja, jedem seine eigenen Vorbilder, Helden oder Götter. Oder auch Autos. »Harry Randall hält sehr viel von Ihnen«, sagte ich. »Er sagt, die meisten Studenten hören schon nach einem Monat oder so wieder auf. Sie nicht.«

»Mann, ich brauche das Geld einfach.«

»Aber dieser Wagen –«

»Grade deshalb. Der Wagen kostet mich jeden Monat einen Arm und ein Bein. Aber Sie wissen ja –« Er drehte sich um und sah den Wagen an, der am Straßenrand stand. »Ich habe mich in das verdammte Ding einfach verliebt. Ich mußte es einfach haben.«

Ich wußte, was er meinte. »Wann haben Sie ihn gekauft?«

»Vor vier Monaten.« Plötzlich sah er bekümmert aus. »Und es gibt nicht einmal eine Garage in dieser Bruchbude hier.«

Ich wußte auch, was er damit meinte. Der Wagen gehörte jede Nacht in Samt eingewickelt. Ich bedankte mich bei ihm und ging die fünfeinhalb Blocks zum Revier zu Fuß.

Luis sagte: »Glück gehabt?« Sein Gesicht war die übliche, ausdruckslose Maske.

»Einen Namen habe ich, Luis. Und die Adresse. Tiger Town. Detroit. Und ein Rätsel. Und bei dir?«

Er zuckte die Schultern, und dann brach es plötzlich aus ihm hervor, in seinem weichen Englisch mit dem deutlich hörbaren Akzent. »Was kann ich denn schon im Country Club ausrichten? Die halten mich doch für einen Busschaffner an seinem freien Tag. Du, du könntest vielleicht die Verbindung herstellen, aber ich doch nicht. Es kommt über die Bar, Peck, sie schnupfen es am Swimmingpool. Heiliger Himmel. Die nehmen es alle. Es ist wie eine gottverdammte Epidemie. Ich weiß auch nicht.«

Aus Ferndale war kein Anruf gekommen, aber es war auch noch ein bißchen früh. Halb sechs hier, halb acht oder halb neun dort, ganz sicher war ich nicht. In einer halben Stunde sollte ich Bonny abholen und mit ihr zum Essen zu ihrer Mutter fahren. In meinem alten, verläßlichen Fairlane.

»Hör mal«, sagte ich zu Luis. »Auf dem Heimweg könntest du vielleicht mal bei Morrison-Dodge vorbeifahren und fragen, ob ein Typ namens Ellison Smith bar für einen Challenger bezahlt hat, den er vor vier Monaten gekauft hat. Ungefähr.«

»Wieso?«

»Ich weiß nicht wieso. Es ist nur so ein Gefühl. Vielleicht bin ich auch einfach nur neidisch. Das heißt, ich weiß genau, daß ich neidisch bin. Er studiert Medizin, und auch an der Universität gibt es das Zeug an allen Ecken. Neun Stunden jede Nacht fährt er Taxi, und es gibt keine bessere und unauffälligere Möglichkeit, die ganze Stadt abzufahren, wie als Taxiknabe.«

»Und?«

»Und wenn er bar für den Wagen bezahlt hat, ungefähr dreizehntausend Dollar bei der Ausstattung, die er hat, würde uns das doch etwas sagen, oder? Außerdem ist der Typ, von dem wir wissen, daß er das Zeug reinbringt, Arzt, wenn auch ein lausiger, oder? Vielleicht gibt es da eine Verbindung. Teufel, ich weiß es auch nicht, Luis. Aber vielleicht lohnt es sich, mal nachzufragen.«

Luis zuckte die Schultern, stand auf und verließ das Zimmer. Ich griff nach dem Telefon, um Bonny anzurufen, und es klingelte unter meiner Hand.

Es war ein müder Inspektor Ritter aus Ferndale. Er nannte mir den Namen eines Mannes, der morgen früh um sieben Uhr achtundvierzig am Flughafen eintreffen würde. Könnte ich ihn dort abholen?

Seufzend sagte ich ja.

»Er wird Sie ausrufen lassen«, fuhr Ritter fort. »Er ist ungefähr siebzig, Witwer, weißes Haar. Er wohnt in dem Apartment direkt neben Charleys, und das schon seit zehn Jahren. Er bringt Ihnen ein paar Sachen mit. Briefe, die Charley bekommen hat. Er wird Ihre Leiche identifizieren, aber Sie müssen ihm ein bißchen helfen, Sergeant. Sie waren sehr gute Freunde. Haben Sie alles mitbekommen?«

»Habe ich, Inspektor. Ich hole ihn ab. Und vielen Dank.«

»Was ist schon ein Name?« sagte ich.

Beim Kaffee nach dem Essen war eine Pause im Gespräch eingetreten.

»Was wir Rose nennen, würde unter jedem anderen Namen, ebenso süß duften«, beendete Bonny das Zitat, und ich sagte: »Angeberin. Pedantin.«

»Welcher Name?« fragte Martha Johnson.

»Angela. Wer würde eine Tochter schon Angela nennen? Wir alle sollten nur Nummern bekommen, bis wir einundzwanzig sind und uns selbst einen passenden Namen aussuchen können.«

»Bonny«, sagte Bonny. »Das bedeutet gesund, süß und lebhaft. Ich habe es im Lexikon nachgeschlagen, als ich zwölf war.«

»Siehst du, was ich meine?«

»Ich kannte einmal eine Angela«, sagte Martha. »In der Schule. Sie war zwei oder drei Jahre über mir. Angela Bryson.«

»Ich wollte fragen, ob Sie sie kennen, Martha, aber ich habe mich nicht getraut anzudeuten, daß Sie weniger als fünfzehn Jahre jünger sind als sie. Zwanzig sogar.«

»Pah. Ich bin ein Jahr früher eingeschult worden und habe ein paar Klassen übersprungen. Ich hatte eine sehr ehrgeizige Mutter, genau wie Bonny. Außerdem hat Angela ein paar Semester versäumt, weil sie ihrem Vater auf der Farm helfen mußte. Damals konnte man einfach unterbrechen. Aber im letzten Jahr war sie Kapitän des Feldhockeyteams. Weißt du, was Feldhockey ist, Jeffry?«

»Eine viktorianische Form der körperlichen Ertüchtigung für sexhungrige junge Frauen«, sagte ich. »Weiße Matrosenblusen und schwarze Pumphosen mit Rock darüber. Sehr aufregend. Aber was ich sagen will ist, daß diese Angela Bryson meiner Meinung nach keineswegs ein Engel ist. Wie gut haben Sie sie gekannt?«

»Überhaupt nicht. Nur vom Sehen. Sie war ein großes, schönes Mädchen. Schön auf eine wilde, faszinierende Art.«

»Nicht engelhaft?«

»Nein, nicht engelhaft.«

»Was hat sie denn getan?« fragte Bonny. »Jemand umgebracht?«

»Ich hoffe nicht, Bonny. Ich hoffe nicht.«

Er hieß Solly Epstein und hatte tatsächlich eine Menge schneeweißes Haar, und darunter zwei übermüdete Augen. Ich lud ihn erst zum Frühstück ein, bevor wir in McVeys kleine, dunkle Kellerhalle gingen, damit er die Leiche seines Freundes identifizieren konnte. Was er sofort tat, trotz der Verletzungen, und dann stand er einfach da und weinte. Ich zog ein paar Papiertücher aus der Schachtel, die Bailey immer herumstehen hat, und drückte sie ihm in die Hand.

Oben an meinem Schreibtisch gab er mir drei Briefe, die er aus Charley Williams Wohnung mitgebracht hatte. Der letzte stammte von vor einer Woche.

»Er hat Kanarienvögel«, sagte er, »und ein Aquarium voll mit tropischen Fischen. Sie müssen gefüttert werden, und man muß mit ihnen reden. Er hat mich gebeten, das während seiner Abwesenheit zu tun.«

»Und diese Briefe, Mr. Epstein?«

»Er hat sie mir gezeigt. Sie lagen in seinem Schreibtisch. Er hat oft von dieser ›Angela‹ geredet. Jahrelang. Irgendwann 1944 hat er sich hier in sie verliebt. Als er hier stationiert war. Ich wurde nicht eingezogen. Ich war zu klein, und hatte außerdem ein schwaches Herz. Himmel, ich werde alle überleben, Sergeant. Es ist ein Fluch, Sergeant. Ein richtiger Fluch.« Wieder mußte er sich die Augen trockenreiben. »Auf jeden Fall bekam er irgendwann heraus, daß sie noch lebte, und er schrieb ihr. Das war vielleicht vor zwei Monaten. Zwei Wochen später kam die Antwort – der erste Brief hier. Und er schrieb direkt zurück. Teufel, Sie können die Briefe ja lesen. Ich habe sie gelesen, er hat sie mir vorgelesen. Es sind Liebesbriefe, Sergeant. Ich meine, als wären die beiden zwanzig Jahre alt gewesen.«

»Wieso Briefe?« sagte ich. »Warum hat er sie nicht einfach angerufen?«

»Sie hat kein Telefon. Kaum zu glauben, nicht wahr? Heutzutage kein Telefon zu haben. Die Besitzer einer großen Orangenplantage!«

»Doch zu glauben. Und so groß ist die Orangenplantage auch nicht, Mr. Epstein. Nur zehn Morgen sehr alter Bäume.«

»Sie machen Spaß, Sergeant?«

»Nein, tut mir leid.«

»Meine Güte«, sagte Epstein und schüttelte den Kopf. »Charley hat oft von dieser Stadt gesprochen, von Clausen. Nichts als Orangenhaine, Meilen und Meilen nichts als Orangenbäume, wohin man auch ging. Liebe Güte. Wissen Sie, was aus Detroit geworden ist, Sergeant? Nein, antworten Sie nicht – aber Charley hat immer von hier geträumt, von all dem. Ich weiß nicht. Von dieser *frischen*, sauberen Welt hier draußen. Und von dieser Frau, Sergeant. Von der Frau.«

Er gähnte, plötzlich übermannt von der Müdigkeit.

»Ich habe Ihnen im Hotel ein paar Blocks weiter ein Zimmer reserviert«, sagte ich. »Ich bringe Sie jetzt hin, Mr. Epstein. Sie sollten sich ausruhen.«

Angela Bryson hatte eine altmodische, verschnörkelte, kunstvolle Schrift, die wie gedruckt wirkte. Die ersten beiden der drei Briefe, die Epstein mir gegeben hatte, waren eine Art Auffrischung alter Erinnerungen, Erinnerungen an die intensive, hektische Romantik der Kriegsjahre, des letzten offenen Kampfes. Aber der dritte Brief, die Einladung zum Tod, war exakt, genau und zeitgemäß, nannte Tag, Ort und Zeitpunkt des letzten Rendezvous. »Ich werde dich«, schrieb sie, »im Orangenhain treffen, zehn bis zwölf Meter vom Prince Albert Drive entfernt. Du erinnerst dich doch sicher an diese wunderschöne Straße. Ach, Liebling. Ich bin so bereit, mit dir zu gehen, egal wohin. Wir haben so wenig Zeit übrig, und müssen so viel bittere, tote Jahre wettmachen. Ich erinnere mich so gut an dich, so groß, so soldatisch in deiner Uniform, und so galant. Aber damals war mein Vater da, wie jetzt meine Schwester. Wir müssen vorsichtig sein, sehr vorsichtig. Aber komme, *komm* in den Orangenhain, und wir werden über unser lang verschobenes, gemeinsames Schicksal sprechen. Ach, mein Liebling, ich habe niemals jemand anderen geliebt als dich.«

Barbara Cartland, dachte ich, das könnte aus einem von Barbara Cartlands Büchern stammen. Aber ich war gerührt, bewegt. Ich konnte mir lebhaft vorstellen, daß diese verkleidete Feldarbeiterin solche brennenden, herzzerreißenden Briefe verfaßte, so voller lang unterdrückter Gefühle, so voller Träume, die jahrelang in einem Käfig gefangen waren.

Aber warum hatte sie ihn getötet?

Weil er vierzig Jahre zu spät kam?

»Peckinpaugh«, brummelte Wells, »wollen Sie damit ausdrücken, daß Sie diese Frau – eine *Verdächtige* – dazu veranlaßt haben, Ihnen Frühstück zu machen?« Noch einmal warf er einen Blick auf meinen Bericht. »Bestehend aus Pfannkuchen, Orangensaft und Kaffee?«

»Ein ganz normales amerikanisches Frühstück, Boss. Wie es jedem Arbeiter zusteht.« Natürlich schreibe ich solches Zeug nur deshalb in meine Berichte, um seine Aufmerksamkeit zu fesseln, was auch immer funktioniert. Es ist nämlich so, daß Wells die Beziehung zwischen dem Polizisten und einem Verdächtigen ähnlich sieht wie die zwischen, sagen wir mal, Reagan und Andropow – mehr als heikel und belastet mit allen Arten von Protokoll. »Außerdem«, fügte ich hinzu, »war sie zu diesem Zeitpunkt noch keine Verdächtige, sondern nur eine einsame, alte Dame – und Sie wissen ja, wie ich auf alte Damen fliege. Und dazu noch war ich fast am Verhungern.« Mein Bericht war gestern um fünf Uhr getippt und fertig gewesen und schloß die späteren Entwicklungen des Abends nicht ein. Jetzt war es Viertel vor zehn am Sonntagmorgen und ich war gerade vom Hotel zurückgekommen, wo ich Solly Epstein der wohlverdienten Ruhe seines Zimmers überlassen hatte.

»Übrigens«, sagte Luis, der neben mir in Wells Büro saß, »haben wir den Park-Plaza-Fall geknackt. Glaube ich wenigstens. Ich meine, unten sitzt dieser Junge, der vor etwa einer Stunde eine ganze Menge ausgespuckt hat. Oder vor einer halben. Genau in diesem

Augenblick sind zwei unserer Männer zu Dr. Edward Krueger am Riverview Drive unterwegs. Wollen wir nur hoffen, daß er zu Hause ist, und nicht wieder auf seinem Boot. Wir haben einen Haftbefehl gegen ihn. Ich habe letzte Nacht zwei Stunden geschlafen – in meinem Auto. Ich weiß auch nicht –«

Es war großartig. Ich liebe es, wenn Luis einen seiner Triumphe einfach so zwischen ein paar Nichtigkeiten einfließen läßt und dann in seinem Sessel unsichtbar wird.

»Smith!« brüllte ich.

»Ja, Ellison Smith. Er – na ja, schließlich hat er dann geredet. Du weißt schon, was ich meine.«

»Geredet, wie?« sagte Wells, jetzt wachsam wie ein Schießhund.

»Na ja, geredet eben. Durch den Mund, Boss.«

»Wer ist Smith?« wollte Wells wissen und wühlte hektisch in den Papieren auf seinem Schreibtisch herum.

»Na ja«, sagte Luis. »Das hier ist – na, wie soll ich sagen? – so eine Art mündlicher Bericht. Ich habe noch keine Zeit gehabt, alles aufzuschreiben. Gestern abend hat Jeff mir den Tip mit Smith gegeben. Er sagte, es wäre so ein Gefühl. Und er hatte recht.«

Wells funkelte mich an. Er haßte Gefühle. Er sagt, sie sind nur ein Ersatz für harte Arbeit. Er sagt, vor Gericht sind sie nicht zulässig. Er sagt, bankrotte Pferdewetter leben von Gefühlen.

»Jedenfalls«, sagte ich und zuckte ein bißchen unter dem bitterbösen Blick zusammen, »ist heute einer meiner wenigen freien Tage, und vor zwanzig Minuten hatte ich eine Verabredung zum Tennis. Gut gemacht, Luis.«

»Gefühl!« brüllte Wells. »Sie wissen doch, was ein guter Verteidiger aus einem Gefühl machen kann, oder Peckinpaugh? Und was für ein Gefühl überhaupt?« fügte er dann doch neugierig hinzu.

»Jedenfalls«, sagte Luis, »hat dieser Smith eben ein Geständnis unterschrieben. Jetzt schläft er. In seiner Butterbrotdose hatte er Ware im Wert von drei- oder viertausend Dollar. Ich denke, daß er sich jetzt doch besser fühlt als vorher. Er ist noch jung. Er nannte Krueger als seine Bezugsquelle.«

»Krueger?« sagte Wells.

»Krueger.«

»Und Krueger ist der Kerl, den wir wollten?« fragte Wells.

»Si«, sagte Luis.

Sie mußte schon im ersten Morgengrauen angefangen haben, oder noch früher. Sicher kannte sie ja selbst im Dunkeln jeden einzelnen Zweig jedes einzelnen Baumes auswendig.

Ich hörte den alten Fordson ziemlich weit links vor sich hin tuckern. Sie war fast fertig, hatte fast die ganzen zehn Morgen gepflügt, als ich endlich zu ihr rauskam. Sie trug einen breitkrempigen Strohhut, ein blaues Arbeitshemd und Jeans. Als sie mich sah, stellte sie den Motor des Traktors ab und beugte sich müde über das Steuer. Ihr Gesicht sah grau aus.

»Sie schon wieder, Sergeant?«

»Ja, ich schon wieder, Miss Bryson.«

Sie zündete sich eine Zigarette an und blies den Rauch in die noch saubere Morgenluft. Der Himmel über uns war an diesem schönen, fast smogfreien Tag natürlich blau.

»Sie hat immer gesagt, daß wir eines schönen Nachts in unseren Betten totgeschlagen werden würden«, sagte Miss Bryson mit rauher, müder Stimme. »Sie hat es oft gesagt, Sergeant. Es war fast eine Manie. Eine Besessenheit. Sie sagte, wir wären hier draußen so allein, daß man unsere Leichen erst Tage später finden würde. Sie wollte, daß ich die Farm verkaufe und daß wir in ein Apartment in der Stadt ziehen. Leben wie zivilisierte Leute.« Ihr Blick, der bisher in die Ferne gerichtet war, konzentrierte sich nun auf mich. »Auf jeden Fall wissen Sie jetzt, wer der Tote ist, nicht wahr?«

»Wir wissen es, Miss Bryson. Ihre Jugendliebe.«

»Der arme Charley«, sagte sie. »Ich konnte ihn damals nicht heiraten. Vater war schon durch die Arthritis verkrüppelt, und Mutter hatte immer ein schwaches Herz –«

»Und Melba war schon weg – Mrs. Leutnant Parks zu dem Zeitpunkt.«

»Ja, Melba war schon weg.«

Ich hatte die Briefe kopiert, die Solly Epstein aus Ferndale mitgebracht hatte, und zog sie jetzt aus meiner Tasche. Sie sah sie sich an und sagte: »Ja, die anderen sind im Haus. Seine Briefe an mich.« Ihre Stimme klang sehr bitter, als sie die letzten Worte sagte, und ich hatte auf einmal ein sehr ungutes Gefühl in bezug auf die Arbeit des Morgens, die sie schon hinter sich gebracht hatte.

»Melba ist tot, nicht wahr?« sagte ich.

Ihre Augen wanderten wieder weit weg. »Ja, Sergeant, Melba ist tot.«

Und irgendwo hier im Hain begraben. Das sagte ich aber nicht laut. Deshalb all die unnötige Arbeit mit dem Traktor. Sie hatte die Leiche ihrer Schwester irgendwo hier draußen vergraben, und wir würden die ganzen verdammten zehn Morgen umwühlen müssen, um sie zu finden. Außer, sie verriet uns, wo sie lag, und *das* schien mir nicht sehr wahrscheinlich. Ich sorgte mich halb zu Tode über die Graberei.

Sie fing wieder an zu sprechen, mit einer so leisen, schwachen Stimme, daß ich mich vorbeugen mußte um zu verstehen, was sie sagte. »Vor einem Jahr kam sie hier an, in diesem riesigen Cadillac. Sie fuhr einfach vor und ging direkt ins Bett. Total pleite war sie. Die meiste Zeit hat sie im Bett verbracht, oder vor diesem verdammten Fernseher. Und am Tisch, wo sie das Essen verschlang, das ich gekocht hatte. Nörgelte ständig herum, drängelte mich, den Hof zu verkaufen. Keinen Finger hat sie krumm gemacht. Nicht ein einziges Mal. Das einzige, was sie tat, war, jeden Morgen zum Briefkasten zu gehen und die Post zu holen. Jeden Tag.« Sie zog die Schultern zurück, richtete sich auf, und ein Licht erschien in ihren Augen. »Und deshalb ist Charley jetzt tot«, sagte sie, wie völlig überrascht.

»Und deshalb ist auch sie jetzt tot.«

Das Licht in ihren Augen verlosch. Die Zigarette fiel aus ihren Fingern, und der große, kräftige Körper neigte sich langsam zu mir, ein plötzlich bewußtloses Gewicht, das ich gerade noch auffangen konnte und mühsam auf den Boden sinken ließ. Der Hut war heruntergefallen, und ich sah verklebtes Haar an ihrem Hinterkopf, wo viel Blut geflossen und so festgetrocknet war wie eine Schuhsohle.

Aber ihr Puls war stark und regelmäßig. Ich nahm mir die Zeit, mich dessen zu vergewissern, dann rannte ich durch den Hain zu meinem Auto und rief über Funk einen Krankenwagen.

»Auf jeden Fall«, sagte ich, »ist das Allerschlimmste nicht passiert. Ich meine, was wäre gewesen, wenn sie Melba im Hain vergraben und dann einfach den Mund gehalten hätte? Dann hätten wir monatelang graben können.«

Wells kann hypothetisches Zeug nicht ausstehen; er hält nichts von Was-Wäre-Wenn. Er runzelte die Stirn über meinen Bericht, den ich Samstagnacht auf Bonnys Schreibmaschine getippt hatte. Er kannte das Schriftbild, und auch das gefiel ihm ganz und gar nicht –

diese ganze lockere Lebensart, und daß man ganze Nächte bei seiner Freundin verbringt.

Immer noch stirnrunzelnd sah er mich an. »Mrs. Parks ist also an einem Herzversagen gestorben?«

»Sagt McVey. Sie hatte nicht einen einzigen Kratzer am Leib. Ich denke, daß sie ein bißchen verrückt war, Boss. Melba stand früh auf, gegen fünf, sagt Angela, und stürzte sich auf sie, als sie noch im Bett lag. Sie schlug zweimal zu. Einmal traf sie sie an der Schulter, das zweitemal am Hinterkopf. Und dann kippte sie tot vor Angelas Bett zusammen. Der Schürhaken war noch in ihrer Hand.«

»Der, mit dem sie auch Williams umgebracht hat?«

»Ja, Sir. Sie hatte ihn unter ihrer Matratze versteckt. Zusammen mit seinem Hut.«

»Und dann stand Miss Bryson auf, zog sich an und arbeitete ungefähr sechs Stunden lang im Orangenhain?«

»Um das zu verstehen, Boss, müßten Sie sie kennen, aber genau das ist es, was sie getan hat. Und saubere Arbeit hat sie geleistet, auch wenn sie durch die Gehirnerschütterung gar nicht mehr richtig dabei war.«

Wells blätterte durch die Briefe, die an meinen Bericht angeheftet waren, alle sechs. »Melba hat jeden Tag die Post geholt«, sagte ich. »Es war das einzige, was sie getan hat, außer essen, schlafen und fernsehen, und an ihrer Schwester herumnörgeln. Offensichtlich hatten sie und Parks eine Weile auf großem Fuß gelebt, und sie hatte wohl so eine großartige Ader, angeberisch, oder was weiß ich. Ein bißchen verrückt eben, wie ich schon gesagt habe. Auf jeden Fall wollte sie nicht, daß Williams ihr Leben durcheinander brachte, deshalb verabredete sie ein Treffen mit ihm – als Angela, wie er dachte – letzten Donnerstag im Orangenhain, und dann schlug sie ihn mit dem Schürhaken tot. Herzlich willkommen in Kalifornien.«

»Sie hätte ihm einfach schreiben sollen«, sagte Luis, der neben mir vor Wells' Schreibtisch saß, »daß Angela tot ist. Damit hätte sie sich viel Mühe –«

»Nein, Luis. Lies seinen ersten Brief. Darin heißt es, daß er gerade erfahren hat, daß sie noch lebt. Er schreibt nicht, wie er das erfahren hat, aber es gibt natürlich jede Menge Möglichkeiten. Durch einen Privatdetektiv zum Beispiel.«

»Und dann hat sie versucht, ihre Schwester umzubringen, um den Besitz für sich allein zu haben?«

»So sieht es aus, aber wer kann das wissen. Wie gesagt, war sie nicht ganz normal.«

Wells klappte den Aktendeckel mit meinem Bericht zu. »Miss Bryson«, sagte er, »ist offensichtlich außer Verdacht, aber wir werden natürlich eine offizielle Aussage von ihr brauchen, Peck. Sobald sie dazu in der Lage ist, will ich, daß Sie –«

»Sie ist jetzt schon in der Lage, Boss. Gestern nachmittag ist sie aus dem Bett geklettert, hat das Krankenhaus verlassen und sich von einem Taxi nach Hause fahren lassen. Ich werde mir ihre Aussage noch heute morgen holen. Es wird mir ein Vergnügen sein. Vielleicht lädt sie mich zum Mittagessen ein.«

Wells funkelte mich an, und ich schlurfte an meinem Schreibtisch zurück, froh darüber, daß er den Schürhaken nicht weiter beachtet hatte. Am Freitagmorgen, als ich mir Angelas Kamin angesehen hatte, hatte ich nur gesehen, was da war. Nicht das, was fehlte – der eine Teil der Kamingarnitur, der absolut unerläßlich ist. Ich hätte das Fehlen des Schürhakens förmlich riechen müssen – das Fehlen des perfekten Schlaginstruments – und ich hätte sofort danach suchen müssen. Wenn ich den Schürhaken schon am Freitag gefunden hätte, statt erst am Samstag, nachdem Angela ins Krankenhaus gebracht worden war, hätte ich einer sehr netten alten Dame einen sehr bösen Schlag auf den Kopf ersparen können.

Vielleicht lade ich sie als Wiedergutmachung zum Essen ein. Bestimmt bin ich nach vierzig Jahren der erste, der das tut.

Originaltitel: THE SISTERS, 4/84
Übersetzt von Brigitte Walitzek

Al und Mary Kuhfeld

Verdeckte Spuren

Es war einfach nicht fair. Gestern noch hatten die Temperaturen in Hedeby sämtliche Spätdezemberrekorde um gut 5 Grad überstiegen. Hemdsärmelige Kinder hatten hüpfenden Hunden Frisbeescheiben zugeworfen. Alte Leute buddelten in ihren Vorgärten herum. Um drei Uhr nachmittags hatte die Wärme mit 18 Grad Celsius ihren sonnigen Höhepunkt erreicht. Gegen sieben Uhr zog sich dann allerdings der Himmel zusammen, und um neun herum hatte es angefangen zu regnen. Um Mitternacht, als er seinen Dienst antrat, ging der Regen in Schnee über. Und heute morgen lagen, unter einem bitterkalten, jagenden Wind, vierzig Zentimeter Schnee. Und es schneite weiter. Es war einfach nicht fair.

Seine Schicht sollte in fünfzehn Minuten zu Ende sein, aber die Straßen waren blockiert; er konnte nicht nach Hause. Und das war sowieso illusorisch, denn auch seine Ablösung würde wohl kaum zum Dienst erscheinen können. Hafner ging zum Fenster, das im ersten Stock lag, und kratzte einen kleinen Kreis in den Reif. Der Schnee flog horizontal die Broad Street hinunter. Theoretisch war die Sonne aufgegangen, aber sie schaffte es lediglich, die Häuser über der anderen Straßenseite in graue Silhouetten vor einem grauen Himmel umzuwandeln. Großer Gott, ein richtiger Minnesota-Blizzard.

Indem er hartnäckig versuchte, der Situation etwas Gutes abzugewinnen, kam er zu dem Schluß, daß dies wohl eine ruhige Schicht werden würde. Auch der ehrgeizigste Verbrecher würde sich bei solchem Wetter in sein Schlupfloch zurückziehen.

Er hörte jemanden den Korridor entlangkommen, und überrascht griff er nach seinem Jackett. Er hatte erst einen Arm im Ärmel, als sich die Tür der Wache öffnete und er vor Staunen über die Erscheinung, die er vor sich sah, mitten in der Bewegung erstarrte.

Sie war groß, weit über einsachtzig, massig, und eingehüllt in Schnee und Eis. Ihr Gesicht bestand aus einem Geglitzer aus winzigen Eiszapfen, die über eine blaue Skibrille gesprenkelt waren. Und darüber befand sich, ebenso mit Schnee und Eis bedeckt, ein Feuerwehrhelm aus Plastik, der ein paar Nummern zu klein war. Ein kleines rotes Licht blinkte tapfer durch das Eis, und dazu ertönte eine Spielzeugsirene.

Die Figur langte nach oben, wobei sie Schneeklumpen von sich abwarf, und nahm den Helm ab. »Gefällt dir mein Aufzug?«

Hafner erkannte die Stimme. »Nygaard! Du Bastard, du hast mich fast zu Tode erschreckt! Was tust *du* denn hier?«

»Ich arbeite hier, hast du das vergessen? Es ist Zeit für mich, den Dienst zu übernehmen.« Nygaard nahm die Skibrille ab und brachte ein klobiges, rotes Gesicht unter einem Schopf glatten blonden Haars zum Vorschein. Steif trat er in den Raum hinein.

Hafner, von kleinerer Gestalt und dunklerem Teint, von Natur aus adrett und konservativ, ging ihm aus dem Weg. »Halt, verdammt! Du machst ja alles naß! Warum hast du das Schneezeug nicht draußen ausgezogen?«

»Na, zum Teufel, Jack, draußen auf dem Gang ist es dunkel; ich konnte die Reißverschlüsse nicht finden.« Wegen des Blizzards war das Polizeirevier praktisch unbemannt, und fast alle Lichter waren gelöscht. Nygaard bückte sich, um nach dem Reißverschluß am linken Bein seines Anzugs zu suchen, wobei er Stücke schmelzenden Schnees von sich schleuderte.

»Paß auf, wo du das Zeug hinschmeißt, verdammt noch mal! Wie bist du überhaupt hergekommen? Soweit ich gehört habe, sind doch alle Straßen zugeschneit.«

»Das sind sie. Aber ich habe mir letztes Jahr ein Schneemobil zugelegt, und es hat so ein Wetter zum Fressen gern.« Nygaard begann, mit kräftigen Fingern am Reißverschluß seines anderen Beines herumzufummeln. »Die Abteilung sollte auch ein paar davon kaufen. Und blaue Skibrillen ausgeben – rote für die Kollegen in Zivil«, sagte er mit einem breiten Grinsen. Er öffnete das Hosenbein bis zum Knie, richtete sich auf und begann die gleiche Operation an seinen Ärmeln. »Ich hatte überhaupt kein Problem herzukommen. Man muß allerdings auf die verdeckten Feuerwehrhydranten aufpassen; sie können einem den Boden aus dem Maschinchen reißen.«

»Du spinnst ja, weißt du das?«

»Das haben mir auch schon andere gesagt«, antwortete Nygaard gleichmütig, indem er den Skianzug vom Kinn bis zum Unterleib aufzog und herausstieg. Darunter trug er Jeans und ein blaukariertes Flanellhemd. Ohne den Skianzug war er fast eine so mächtige Erscheinung wie darin. Er trug den Anzug hinaus in den Gang und klopfte den Großteil von Eis und Schnee ab, dann kam er zurück und hängte ihn an die Garderobe. Er sah sich um, und sein Blick fiel auf die leeren Schreibtische. »So«, sagte er, »es sieht so aus, als wären wir hier die einzigen Detektive, was? Irgendwas am Kochen?« Er setzte sich auf die Kante seines Schreibtisches und drehte sein Pistolenhalfter am Gürtel so, daß es ihm nicht in die Nieren drückte.

»Machst du Witze? Bei diesem Wetter? Glücklicherweise nicht, ich bin auch gar nicht dafür angezogen, bei diesem Wetter rauszugehen.« Hafner zog sein Jackett wieder aus und hängte es sorgfältig über eine Stuhllehne. Es gehörte zu seinem besten Anzug aus extraleichter Wollmischung mit schwarzem Nadelstreifenmuster. Er hatte an diesem Tag nach Beendigung seines Dienstes einen Termin bei Gericht, und deshalb hatte er sich herausgeputzt. »Ich habe keine Handschuhe, keinen Hut und keine Stiefel«, klagte er. »Der blöde Wettermensch sagte ›bewölkt mit Schauerneigung‹, deshalb bin ich gestern abend nur mit Regenmantel hergekommen.«

»Tja, ich habe ihn auch gehört«, sagte Nygaard mit einem Grinsen. »Wie wär's, wenn wir ihn anriefen und ihm sagten, er soll uns helfen, einen halben Meter ›bewölkt‹ vom Bürgersteig zu kehren?«

Hafner mußte unfreiwillig lachen. Thor Nygaard war gescheit, einfallsreich und lustig: Mit siebenundzwanzig war er ihr jüngster Polizeikollege und der verrückteste Mensch auf Gottes Erden.

»Ist noch jemand hier?«

»Von der Nachtschicht sind noch einige übrig. Genau gesagt vier Mann in Uniform, einer am Empfang, einer in der Telefonzentrale, einer, der Deputy Marsh im Gefängnis zur Hand geht und einer, der versucht, so viel Kaffeesatz zusammenzukratzen, daß er uns noch etwas Kaffee machen kann.«

»O Gott, kein Kaffee?« stöhnte Nygaard. Er konnte pro Schicht kannenweise Kaffee verdrücken.

»Es ist noch ungefähr eine Tasse Kaffee übrig.«

Nygaard ging, um seinen Becher von einem Haken neben der Zwanzig-Tassen-Kaffeemaschine zu nehmen. »Vielleicht macht später ein Laden auf, und ich kann mit dem Schneemobil einen Einkaufsbummel machen.«

Hafners Züge erhellten sich. »Ja, Ferguson drüben, auf der

Humphrey Street, wohnt über seinem Lebensmittelladen. Vielleicht macht er auf. Gute Idee. Sonst gibt's nur Käsebrötchen und Schokoladenriegel aus dem Automaten.«

Nygaard kippte die Kaffeemaschine, um auch den bitteren Bodensatz in seine hellblaue Tasse zu bugsieren, auf der in Gelb *uff da* geschrieben stand – was auf Norwegisch ›auweia‹ bedeutet. Hafner fragte: »Was sollte denn dieser komische Helm bedeuten, den du getragen hast, als du hereinkamst?«

»Da draußen ist die Sicht fast null. Ich wünschte mir lauthals, ich hätte Beleuchtung und Sirene für mein Schneemobil, da hat mir Eric sein Lieblingsspielzeug gereicht. Er hat sich so gefreut, daß er seinem Papa helfen konnte, wie hätte ich da nein sagen sollen?« Der große Polizist sah liebevoll auf den Helm seines Sohnes, der heimlich die Matrize eines monatlichen Festnahmeberichtsformulars durchweichte. Er probierte seinen Kaffee und zog ein Gesicht, trank aber entschlossen weiter.

Eine Stunde später begann der Schnee nachzulassen, und gegen zehn klärte es sich auf. Davis, der Streifenpolizist, hatte im Gefängnis etwas Kaffee geborgt, und das rote Licht an der Kaffeemaschine leuchtete anheimelnd. Hafner saß nahe dem Fenster, hätschelte eine Tasse – die seine war weiß und unbeschriftet – und sah zu, wie die Sonne zögernd hervorkam. Die Straße draußen war eine malerisch verhüllte und glitzernde Wüste. Schneewehen deckten Haustüren halb zu, und blaue Vertiefungen hatten sich um Laternenpfähle und das Heck eines verlassenen Wagens gebildet.

Die Mehrzahl der städtischen Angestellten von Hedeby war selbst eingeschneit, deshalb würden trotz des klaren Himmels die meisten Hauptstraßen der Stadt noch stundenlang unpassierbar bleiben. Hafner sah zu, wie ein großer Schneepflug sich abmühte, wenigstens eine Fahrspur der Broad Street freizulegen, wobei er das liegengebliebene Fahrzeug völlig verbarrikadierte.

Nygaards Telefon klingelte, und mit seiner großen Hand schaufelte er den Hörer von der Gabel. »Kriminalpolizei, Sergeant Nygaard, kann ich Ihnen behilflich sein?«

Hafner konnte von seinem Platz am Fenster aus ein aufgeregtes Gebrabbel hören. Er reckte sich auf und hörte aufmerksam Nygaards Seite der Unterhaltung zu.

»Ja, in Ordnung; nun beruhigen Sie sich mal. Wie ist Ihr Name?« Nygaard griff sich einen Bleistift und fing an zu kritzeln. »Wo sind

Sie jetzt? Nein, ich meine die Adresse. Und da befindet sich auch der Leichnam? Wer ist die Verstorbene? Sind Sie sich absolut sicher, daß sie tot ist? Ich sehe ... ja ... ja ... Also, hören Sie zu: Sie bleiben dort, aber fassen Sie nichts an. Das ist sehr wichtig. Nein, wir kommen hin. Ja, ich weiß, daß die Straßen blockiert sind, aber wir schaffen es schon.«

Nygaard warf den Hörer zurück auf die Gabel und sagte: »Es ist Sarah Fiske. Tot, vermutlich von einem Einbrecher ermordet.«

»Du meine Güte!« Hafner sprang auf die Füße. Die alte Mrs. Fiske war ein stadtbekanntes Original: einsiedlerisch, schrullenhaft und sehr wohlhabend. »Wer hat sie gefunden?«

»George Grimby.« Nygaard sah auf seine Notizen. »Er sagt, er sei gekommen und habe ihren Bürgersteig freigemacht, und als er an ihre Tür klopfte, um dafür zu kassieren, habe er keine Antwort bekommen. Er ging nach hinten und stellte fest, daß die Hintertür unverschlossen und das Haus auf den Kopf gestellt war. Sie lag mit eingeschlagenem Schädel im Wohnzimmer.«

»Ist das der Grimby, der jeden Mittwoch abend eine Pokerrunde in seinem Keller veranstaltet?«

»Es hörte sich so an.« George Grimby verfügte über zwei Einnahmequellen: das wöchentliche Pokerspiel und eine Reihe von Gelegenheitsjobs, denen er in der ganzen Stadt nachging. Er war »polizeibekannt«, da jedoch eine Anzahl wichtiger Leute – unter ihnen der Polizeichef höchstpersönlich – gelegentlich bei den Pokerspielen aufkreuzten, war er seit mehreren Jahren nicht mehr behelligt worden.

»Ist er jetzt dort?«

»Ja. Bist du schon mal mit einem Schneemobil gefahren?«

»Nein, warum?«

»Weil wir mal nach dem Rechten sehen müssen, darum. Und das Schneemobil ist die einzige Möglichkeit hinzukommen. Schnapp dir die Ausrüstung. Ich gehe solange in die Kleiderkammer und sehe mich nach etwas Warmem zum Anziehen für dich um.«

Hafner fand sich nach kurzer Zeit in einem zu großen Mantel, geflickten Gummistiefeln und einer großen, grauen Kaninchenfellmütze wieder. Bei einem Paar weißer Fäustlinge mit aufgestickten gelben Gänseblümchen paßte er jedoch; statt dessen steckte er seine Hände in die Taschen von Nygaards Schneemobilanzug und mußte es erdulden, daß der Wind die Ärmel seines geborgten Mantels hinaufblies.

Doch das Schlimmste war, daß Nygaard darauf bestand, den lächerlichen Sirenenhelm zu tragen. Es waren nur fünfzehn Minuten Fahrt bis zu Mrs. Fiskes Haus, aber es gab unterwegs genug Leute, die ihre Fußwege freischaufelten und dankbar für eine Abwechslung waren. Hafner vergrub sein Gesicht an Nygaards breitem Rücken und hoffte, der dicke Mantel und die Pelzmütze wären Verkleidung genug.

Mrs. Fiskes Haus stand auf einem großen, baumbewachsenen Eckgrundstück. Es war im spanischen Kolonialstil errichtet, hatte ein rotes Ziegeldach und schmiedeeiserne Fensterbeschläge. Ein orangefarbener Schneebläser stand schneeverkrustet an der Eingangstreppe.

Die Tür öffnete sich, als sie die Stufen hinaufgingen; offensichtlich hatte George Grimby vom Fenster aus Ausschau nach ihnen gehalten.

»Gott sei Dank, Gott sei Dank!« rief er aus. »Kommen Sie herein!« Er warf einen verdatterten Blick auf den Spielzeughelm, aber an der Fellmütze hatte er offenbar nichts auszusetzen. Er war ein kleiner, spindeldürrer Mann mit unruhigen Augen und schlechten Zähnen. Er trug eine schäbige blaue Jacke über zwei Overalls.

Die beiden Polizisten stampften in der Diele Schnee von ihren Stiefeln und spähten in das Wohnzimmer hinein. Nygaard machte ein saugendes Geräusch mit seinen Zähnen. Das Zimmer war gründlich durchstöbert worden: Zusätzlich zu der für Einbrüche typischen Unordnung war die Couch umgeworfen, die schweren Vorhänge lagen in einem Haufen auf dem Boden, und der Teppichboden war an einer Wand vom Boden abgezogen.

»Glaubst du, sie hat sich gegen ihn gewehrt?« fragte Hafner.

»Keine Ahnung«, sagte Nygaard unschlüssig.

Nahe dem Backsteinkamin lag der Körper einer Frau in den Sechzigern. Sie hatte eine aristokratische Nase sowie etwas, das früher einmal ein sorgfältig gepflegter Kauz aus ergrauendem Haar gewesen war. Sie trug ein dunkles Seidenkleid. Ein Schüreisen lag in der Nähe der Leiche.

Hafner knöpfte seinen geborgten Mantel auf, während er das Wohnzimmer betrat, doch er zog ihn nicht aus; es war kalt im Haus.

Er sah sich um, prägte sich Einzelheiten ein, dann kniete er sich neben den Leichnam und setzte in Reichweite einen schweren Metallkoffer ab. »Haben Sie sie berührt?« fragte er.

Grimby sagte nervös: »Ich habe ihre Hand berührt, aber sie war kalt und... und irgendwie steif, da wußte ich, daß sie tot war. Deshalb habe ich auch gleich Sie angerufen statt eines Rettungswagens.«

Hafner schob mit einiger Mühe ein Augenlid hoch, sah, daß sie ihn durch eine getrübte Hornhaut beleidigt anstarrte, und schloß es deshalb gleich wieder.

»Wie haben Sie sie gefunden?« fragte er.

»Nun, wie ich euch Jungs schon am Telefon gesagt habe: Ich kam her, um den Bürgersteig und den Zugang zu ihrem Haus zu pflügen. Ich tue solche Sachen für sie, Gartenarbeit und so. Wir haben – hatten – eine Vereinbarung, daß ich jedesmal, wenn es schneit, ihre Wege kehre. Sie hat immer gleich bezahlt, in bar, und so ging ich hin, um mein Geld zu kassieren, aber sie kam nicht an die Tür.« Er sah auf die heruntergelassenen Jalousien und zuckte mit den Schultern. »Sie ist fast immer zu Hause, wissen Sie. Alles was sie braucht, läßt sie sich kommen. Ich ging zur Hintertür und sah, daß sie einen Spaltbreit offenstand. Das hat mich gewundert; sie hält ihre Türen sonst immer verschlossen und verriegelt. Ich schaute also herein. Die Küche war total zertrümmert, und sie antwortete auch nicht, als ich nach ihr rief, also kam ich hier herein, um zu sehen, ob was mit ihr nicht stimmte, und da lag sie dann.« Seine kleinen dunklen Augen flogen von einem zum anderen, wie um zu sehen, ob man ihm glaubte. Es gefiel ihm wohl nicht, was er sah, denn er sagte: »Jetzt aber mal langsam! Sie können doch sehen, daß sie schon eine ganze Weile tot ist, oder nicht? Ganz kalt und steif? Also war ich's nicht! Ich bin gerade erst angekommen!«

Nygaard sagte: »Ich seh' mich mal um, ja?«

»Nur immer zu«, entgegnete Hafner.

Grimby sagte: »Ich habe noch mehr Schnee zu räumen. Kann ich jetzt gehen?«

Hafner antwortete übertrieben höflich: »Darf ich Sie bitten, noch ein wenig zu bleiben? Mein Partner oder ich könnten Ihnen vielleicht noch einige Fragen stellen wollen, wenn es Ihnen nichts ausmacht, Mr. Grimby.«

Wieder das nervöse Hin- und Herzucken der Augen. »Klar. Immer bereit zu helfen, so bin ich nun mal.« Er stellte sich neben die umgestürzte Couch und versuchte, nicht zu neugierig dreinzuschauen, während Hafner die verstorbene Mrs. Fiske untersuchte.

Es waren deutlich zwei Stellen zu erkennen, wo sie am Kopf getroffen worden war: eine oben auf dem Schädel und eine weitere am Haaransatz direkt hinter ihrer Schläfe. Es mochte noch andere Schädelverletzungen geben, die er nicht sehen konnte, ohne sie zu bewegen, und er wollte den Körper nicht aus seiner Lage bringen, bevor er fotografiert worden war. Beide Schläge hatten ihre Schädeldecke zertrümmert, und jeder von ihnen allein hätte ihren Tod herbeiführen können. Es gab keine Anzeichen für weitere Verletzungen. Grimby hatte recht gehabt, was die steife Hand betraf; die Totenstarre mußte bereits vor längerer Zeit eingetreten sein.

Hafner öffnete den Koffer und entnahm ihm eine kleine Bürste und eine Dose mit grauem Puder. »Sie wohnen doch – na – fünf, sechs Blocks von hier, nicht wahr, Mr. Grimby?«

»Eh – ja.«

Er bestäubte den Griff des Schüreisens, aber er war abgewischt worden. Das war zu erwarten; jeder wußte heutzutage über Fingerabdrücke Bescheid. »Wie sind Sie denn hergekommen durch all den Schnee?«

»Ich benutzte den Schneebläser. Ich hatte unterwegs noch zwei Aufträge, die ich ausführte, und dann blies ich mir für den Rest des Weges einen kleinen Pfad frei.«

»Haben Sie um das Haus herum irgendwelche Fußspuren bemerkt, als Sie herkamen?«

Grimby dachte nach und schüttelte den Kopf. »Nein. Nein, ich bin mir ganz sicher, daß ich keine gesehen habe.«

»Wann haben Sie sie zum letztenmal gesehen?«

»Gestern.«

»Wirklich? Um wieviel Uhr gestern?«

Grimby zog die Schultern hoch, als ihm die mögliche Tragweite des Wörtchens »wirklich« ins Bewußtsein sickerte. »Gegen zehn, denke ich. Am Vormittag jedenfalls.«

»Sie haben sie *hier* gesehen, zu Hause?«

»Ja. Sie hatte es sich in den Kopf gesetzt, daß sie im nächsten

Frühjahr von ihrem Küchentisch aus Tulpen sehen wollte. Deshalb rief sie mich an und bat mich vorbeizukommen. Sie sagte mir, ich sollte die Tulpen ausgraben, die ich im Oktober in ihrem Vorgarten angepflanzt hatte, und sie unter ihrem Küchenfenster einsetzen. Ich kam rüber und warf ein Blumenbeet auf. Dazu brauchte ich zwei Stunden, und sie bezahlte mir zehn Dollar dafür.«

»Trug sie dasselbe Kleid, das sie jetzt anhat?«

Grimby sah auf den Leichnam und wandte den Blick sofort wieder ab. »Nein, etwas Helleres, mit Blumen, glaube ich.«

»War sie allein hier?«

Grimby zuckte mit den Schultern. »Ich nehme es an. Gesehen habe ich niemand sonst. Aber ich hab' auch nicht drauf geachtet, wissen Sie. Ich bin nicht reingekommen, weil ich von oben bis unten eingedreckt war. Sie bezahlte mich an der Hintertür, und ich zog Leine.«

»Ich sehe schon. Gibt es Ihres Wissens irgendwelche Verwandte von ihr hier in der Stadt, Mr. Grimby? Wir benötigen jemand, der sie offiziell identifiziert und uns sagt, was mit der Leiche geschehen soll.«

»Nur einen, ihren Neffen. Wohnt gleich hier die Straße rauf. Wenn sie mit mir nicht zufrieden war, drohte sie damit, ihn die Arbeit machen zu lassen. Aber sie hat die Drohung nie wahr gemacht.«

»Wie ist sein Name?«

»Mr. Olson. Seinen Vornamen weiß ich nicht.«

Nygaard kam ins Wohnzimmer zurück, während Hafner sich durch die lange Liste von Olsons im Telefonbuch plagte – Hedeby hatte einen stark skandinavischen Einschlag – und nach dem Olson Ausschau hielt, der in der 7th Street ein paar Nummern aufwärts wohnte. Er unterbrach seine Suche einen Augenblick, um zu fragen: »Irgendwas gefunden?«

»Das ganze Haus sieht genauso schlimm aus wie das Zimmer hier. Wen willst du denn anrufen?«

»Ah, hier ist er. Mr. Randolph Olson. Er ist ihr Neffe. Ich werde ihn bitten rüberzukommen.«

»Fein. Hier drinnen ist es so kalt, weil der Thermostat runtergedreht ist, und in der Küche ist eine Fensterscheibe zerbrochen.«

Hafner drehte die Wählscheibe mit dem hinteren Ende seines Kugelschreibers, während er den Hörer auf eine eigentümliche Weise hielt, um keine Fingerabdrücke zu zerstören. »Ist er dort hereingekommen?«

»Komm und sieh es dir selbst an.«

Randolph Olson erklärte sich einverstanden, herüberzukommen, nachdem er seinem Entsetzen Ausdruck verliehen hatte. Er erwies sich als großer, kräftiger Mann mit einem roten Gesicht und schütterem, dunklem Haar. Er scheute sichtbar vor dem Anblick seiner Tante zurück. »Oje!« sagte er. »Armes altes Mädchen!«

»Ich darf wohl annehmen, daß es sich um Sarah Fiske handelt?« fragte Hafner.

»O ja. Eh – könnten Sie sie nicht bedecken oder so? Sie sieht so unanständig aus.«

Für Hafner machte sie keinen unanständigen Eindruck. Er fand, daß sie wie eine noble Witwe aussah, die sich gleich aufsetzen und allen die Türe weisen würde. »Ich wünschte, wir könnten sie zudecken, Mr. Olson«, sagte Hafner. »Aber wir haben nichts mitgebracht, und wir wollen nichts aus dem Haus benutzen, bis die Untersuchungen abgeschlossen sind.«

»Wenn es Sie stört, kommen Sie mit hinaus in die Küche«, sagte Nygaard. »Überhaupt sollten Sie alle mitkommen. Ich hätte da ein paar Fragen, wenn es Ihnen nichts ausmacht.«

»*Sure*«, sagte Olson.

»*All right*«, sagte Grimby.

Die Küche hatte eine hohe Decke, wie alle anderen Räume im Erdgeschoß auch. Sie war sehr groß und gut ausgestattet, wenn auch etwas altmodisch. Ein Teil der Schränke war auf den Kachelboden ausgeleert worden, und die Männer nahmen sich in acht, wo sie hintraten. »Passen Sie bitte auf«, warnte Nygaard, als Olson auf das zerbrochene Fenster lossteuerte.

»*Eh*?« sagte Olson und blieb stehen. »Hier ist er wohl reingekommen, was? Der Einbrecher, meine ich.«

»Sieht so aus«, sagte Nygaard. »Treten Sie also bitte nicht auf das Glas unter dem Fenster. Wir können daraus unsere Schlüsse ziehen.«

Olson sah auf die Splitter am Boden, von denen einige auf die verschütteten Teeblätter gefallen waren. »Können Sie das? Was denn zum Beispiel?«

»Oh, ob es aufgeschnitten oder zerbrochen wurde. So was zum Beispiel.«

»Ich verstehe.«

»Ich hab' noch nie ein Haus gesehen, in das eingebrochen worden ist«, sagte Grimby. »Ich wußte nicht, daß sie so ein Durcheinander hinterlassen.«

»Dieser Einbruch weist ein paar ungewöhnliche Merkmale auf«, sagte Nygaard. »Hier in der Küche zum Beispiel sind einige Regale vollkommen geleert, und andere sind ganz unberührt. Ich frage mich, ob der Täter nicht mehr darauf aus war, eine Schweinerei anzurichten, als nach Wertsachen zu suchen.«

»Wie meinen Sie das?« fragte Olson mit scharfer Stimme.

»Nun, dieses hohe Regal, zum Beispiel«, sagte Nygaard. Er ging vorsichtig zu einem der Küchenschränke und zeigte auf ein Regal hinauf. »Sehen Sie, das mit der Zuckerdose darauf und den großen Schüsseln. Es ist nicht berührt worden, aber die Zuckerdose ist der traditionelle Ort, wo Hausfrauen Geld aufbewahren.« Nygaard langte hinauf, steckte einen Zeigefinger in die Dose und zog ihn weißlich überzogen wieder heraus. Er war leicht groß genug, dies zu tun, ohne die Zuckerdose anderweitig zu berühren. Er grinste und schleckte den Finger ab. »Nichts da, nur Zucker.«

»Vielleicht war er zu klein, um so weit hinaufzulangen«, sagte Hafner.

»Nein, im Gegenteil, ich glaube, er war ein hochgewachsener Mann«, sagte Nygaard.

»Nun, da ich nur einsachtundsechzig bin, kann ich jetzt vielleicht gehen?« fragte Grimby.

»*No, Sir*, nicht so eilig«, sagte Hafner, der über der zerbrochenen Fensterscheibe in die Hocke gegangen war.

»Mr. Olson, wann haben Sie zum letztenmal Ihre Tante gesehen?« fragte Nygaard.

»Gestern. Sie lud mich zum Dinner ein.« Er sah sich in der Küche um und sah die offene Kühlschranktür. »Sehen Sie, da steht der übriggebliebene Schmorbraten. Sie hatte noch Zeit, abzuräumen und aufzuwaschen, bevor der Einbrecher kam.«

»Schön blöd von dem Einbrecher, zu kommen, während sie noch auf war«, sagte Hafner.

»Woher wissen Sie denn das schon wieder?« fragte Grimby.

»Sie ist vollständig angezogen. Niemand zieht sich an, um herunterzukommen und sich einem Einbrecher in den Weg zu stellen«, sagte Hafner.

»Vielleicht ist es erst heute morgen passiert«, suggerierte Olson. »Sie stand immer mit den Hühnern auf.«

»Können Sie sich vorstellen, daß ein Einbrecher sich bei diesem Wetter draußen herumtreibt?« fragte Hafner säuerlich.

»Haben Sie regelmäßig bei Ihrer Tante diniert?« fragte Nygaard.

»Oh, vielleicht zweimal im Monat. Um mit ihr über ihre Geldanlagen zu sprechen. Ich bilde mir ein, mich in finanziellen Dingen einigermaßen auszukennen.«

»War sie eine reiche Frau?« fragte Hafner.

Olson wurde wissenschaftlich. »Das kommt darauf an, was man unter Reichtum versteht. Gewiß war sie keine Millionärin. Aber wohlhabend, sehr wohlhabend.«

»Sind Sie Börsenmakler?« fragte Nygaard.

»Nein, nein, nichts dergleichen. Ich habe vor einigen Jahren eine Kleinigkeit geerbt, und davon lebe ich. Ich stümpere nur ein wenig mit Investments herum, nichts weiter.«

»Hat Mrs. Fiske Kinder?« fragte Hafner.

»Nein. Die Familie ist während den letzten Generationen nicht gerade sehr – eh – fortpflanzungsfreudig gewesen. Ich selbst bin Junggeselle und in der Tat der einzige lebende Angehörige meiner Tante, abgesehen von einem Cousin und seiner Familie in Des Moines. Er hat vier Kinder von drei Frauen, ein bemerkenswerter Rekord, wenn man bedenkt, wieviel Zeit seines Lebens er hinter Gittern verbracht hat.« Olson berührte das Haar über seinem Ohr in einer selbstgefälligen Geste. »Philipp hat für Tante Sarah eine ganz schöne Enttäuschung bedeutet.«

»Mr. Grimby sagt, Ihre Tante verbrachte die meiste Zeit zu Hause. Stimmt das?« fragte Hafner.

»Ja, sie mochte es nicht, sich Fremden – eh – anzubiedern«, sagte Olson. »Und nach Thanksgiving* hat sie das Haus sowieso nie verlassen; sie behauptete, das sei der Grund, warum sie sich nie erkältete.« Er zuckte etwas verlegen mit den Schultern. »Sie war ein bißchen exzentrisch, wissen Sie. Aber eine reizende Lady, wirklich reizend. Und mir gegenüber sehr großzügig.«

* Thanksgiving: vierter Donnerstag im November

»Großzügig?« fragte Nygaard.

»Ihre Bedürfnisse waren bescheiden, also hat sie mein Einkommen mit einem monatlichen Taschengeld aufgebessert. Ich habe ihr das mit meiner Anlagenberatung abgegolten. Zum Beispiel hatte ich ihr geraten, daß es günstig wäre, sich zu einem zukünftigen Zeitpunkt von einem Teil ihres Reichtums zu trennen, um der Erbschaftssteuer zu entgehen. Das war auch das Thema unserer Dinnerverabredung. Ich bot ihr an, die Sache für sie in die Hand zu nehmen.«

»Was dieses ›Sichtrennen‹ betrifft – hätten Sie davon in irgendeiner Weise profitiert?« fragte Nygaard.

»Jetzt hören Sie mal, diese Frage finde ich unverschämt«, sagte Olson hölzern. Doch Nygaard wartete ab, und so sprach er weiter. »Nun ja, ein Großteil davon kam mir zugute. Aber Sie scheinen zu vergessen, Sir: Wenn Sie es mir sowieso geben wollte, hatte ich ja keinen Grund, sie umzubringen.«

»Niemand erhebt bis jetzt irgendwelche Anschuldigungen«, sagte Hafner. »Wir sind hier, um Fakten zu sammeln und alles unter Kontrolle zu halten, bis die kriminaltechnische Abteilung anrückt, okay?«

»*Sorry*, Sie müssen mir schon verzeihen, ich bin etwas außer mir«, entschuldigte sich Olson. »Das ist ein schreckliches Erlebnis, wirklich schrecklich. Meine arme Tante ...« Er versuchte, einen Seufzer zu unterdrücken, oder einen hervorzubringen, Hafner konnte es nicht mit Sicherheit sagen.

»Ja, der Killer war ein kaltblütiger Hund«, sagte Nygaard.

»Wie kommen Sie darauf?« fragte Grimby.

»Er hätte das Haus nicht so zurichten können, wenn sie daneben gestanden und zugesehen hätte. Und aus Ihrer und Mr. Olsons Aussage kann man schließen, daß sie nicht von draußen kam und ihn überraschte. Er hat sie also erst getötet und dann längere Zeit damit verbracht, das Haus zu durchsuchen. Die meisten Verbrecher geraten in Panik und suchen das Weite, wenn sie unbeabsichtigt jemand töten.«

»Na, das ist aber sehr schlau kombiniert«, sagte Olson.

Hafner fragte: »Hatte Ihre Tante die Angewohnheit, Bargeld und Wertsachen im Haus aufzubewahren?«

»Unglücklicherweise ja«, antwortete Olson. »Ihr Vater verlor sein halbes Vermögen, als zwei der örtlichen Banken damals in den

Dreißigern pleite gingen, deshalb hat sie nur ein bescheidenes Guthaben auf einem einzigen Sparkonto gehabt. Jedesmal, wenn sie eine Dividende oder eine Zinsgutschrift bekam, hat sie daraus Bargeld gemacht. Es könnten sich mehrere tausend Dollar in diesem Haus befunden haben. Eine schlechte Angewohnheit, und dumm auch noch, aber – was soll man machen? Sie hatte auch eine Menge feines Silber und so manches schöne Stück Schmuck.«

Grimby warf einen Blick in die große Anrichte. »Sieht so aus, als hätte er das Silber gefunden«, sagte er und nickte in Richtung der leeren Schublade, die offen auf dem Büffet lag. Eine Mehlschicht auf ihrer grünen Filzfütterung erinnerte an das Wetter draußen.

Hafner ging zu dem zerbrochenen Fenster, achtete darauf, nicht auf das zerbrochene Glas zu treten, und spähte hinaus. Ein eisiger Wind ließ ihn den zu großen Mantel zusammenziehen. »Was ist in der Garage?« fragte er. Es war eine Doppelgarage, gegen deren Tür sich eine enorme Schneewehe stemmte.

»Ein 49er Cadillac, fast ein Sammlerstück, würde ich sagen«, sagte Olson. »Ich glaube kaum, daß er zehntausend Meilen auf dem Tacho hat.«

»Er ist aufgebockt«, sagte Grimby. »Das habe ich für sie am Tag nach *Thanksgiving* gemacht, am gleichen Tag, als ich auch ihre Gartenmöbel in der Garage verstaute.«

»Was meinst du, sollen wir einen Blick hineinwerfen?« sagte Nygaard.

Hafner wollte widersprechen, doch dann fing er einen bedeutsamen Blick von Nygaard auf. »*All right*«, sagte er. »Sie beide bleiben hier, okay?«

»Können wir die Heizung aufdrehen?« wollte Grimby wissen; der Schnee auf seinem Overall war am Schmelzen, und er fröstelte.

»Ich fürchte, nein«, sagte Hafner. »Ich will, daß alles so bleibt, wie es ist. Jeder von Ihnen achtet auf den anderen, damit nichts aus Versehen bewegt wird, okay?«

Grimby und Olson sahen einander wachsam an. »*Sure*«, sagte Grimby, und Olson nickte beifällig.

Die beiden Polizisten wateten durch den Schnee zur Garage. Drinnen wurde die eine Hälfte von dem großen, ältlichen Cadillac in Anspruch genommen, während die andere mit Gartengeräten und -möbeln angefüllt war. Wie der Wagen war auch alles andere zwar alt, doch befand es sich in einem hervorragend gepflegten Zustand. Hier war nichts angerührt worden, was die beiden nicht zu überraschen schien.

»Was hältst du denn von alledem?« fragte Hafner.

»Hast du die Teeblätter gesehen, die überall verstreut sind? Offensichtlich zog Mrs. Fiske es vor, ihren Tee nicht mit Beuteln zuzubereiten.«

»Na und?«

»Einige von den Glassplittern liegen *auf* den Teeblättern.«

»*Yeah*, das ist mir auch aufgefallen«, sagte Hafner. Er steckte die Hände in die Taschen und wünschte, Nygaard hätte vorgeschlagen, in eines der Schlafzimmer im Haus hinaufzugehen. »Grimby sagte, er hätte gestern unter ihren Küchenfenstern ein Blumenbeet angelegt und Tulpenzwiebeln für sie gepflanzt. Meinst du, wir werden nur Grimbys Fußstapfen darin finden?«

»Wir werden überhaupt keine finden«, sagte Nygaard und zog sich die Skimaske über die Ohren. Er hatte sie aufgerollt gehabt, so daß sie wie eine Pudelmütze aussah. »Grimby hat seine bestimmt weggeharkt, nachdem er das Beet fertig hatte. Und niemand hat es seither betreten. Die Scheibe wurde zerbrochen, nachdem in der Küche gehaust worden war – sie wurde herausgeschnitten und auf den Boden geschmissen, damit es so aussieht, als wäre sie von außen eingeschlagen worden. In einer der Küchenschubladen befindet sich ein Glasschneider. Sie wurde von jemand getötet, den sie selber ins Haus einließ.«

»Also tippst du auch auf Grimby. Ich bin ebenfalls der Meinung, daß kein richtiger Einbrecher das Haus so zugerichtet hat. Den Teppichboden loszureißen – mein Gott, Grimby wußte über das Geld Bescheid, und er ist wahrscheinlich wiedergekommen, nachdem Olson das Haus verlassen hatte. Ein gesetzestreuer Bürger ist er ja auch nicht gerade.«

»Nein, nicht Grimby«, widersprach Nygaard. »Na, was ist denn? Kannst du dir nicht denken, was passiert ist?« Der hünenhafte Polizist tippte sich mit dem Finger an den Nasenflügel und sagte: »Olson kommt zum Dinner, und Tante Sarah sagt ihm, daß sie ihm nicht mehr unter die Arme greifen wird. Oder vielleicht auch, daß sie ihr Testament ändern und die ganze Knete einem Heim für pensionierte Katzenfreunde oder so hinterlassen wird. Guck dir doch diesen Typen an. Sogar in totem Zustand, sah Mrs. Fiske etwa so aus wie ein süßes altes Dummchen, das sich bei so einem wie Olson finanziellen Rat holen würde?«

»Na ja...«, sagte Hafner. Er persönlich hätte Olson nicht einmal so weit über den Weg getraut, sich von ihm einen Dollar wechseln zu lassen.

»Es könnte interessant sein, mal nachzuprüfen, wie es seinen eigenen Investitionen in letzter Zeit ergangen ist. Ich möchte wetten, er leidet unter einem Anfall von monetärer Schwindsucht. Hast du seine Schuhe gesehen? Teuer, aber abgetragen. Das gleiche gilt für seine Hosen. Nein, er ist schon unser Mann. Er kommt also zum Dinner und erfährt die schlechten Neuigkeiten. Er geht mit ihr ins Wohnzimmer und versucht, es ihr auszureden. Aber sie ist eine dickköpfige alte Dame. Also nimmt er das Schüreisen und gibt's ihr.«

»Sie hat eine Hiebwunde oben auf dem Schädel, nach hinten zu, die auf einen Schlag von hinten hindeutet. Eine weitere könnte ihr beigebracht worden sein, nachdem sie gefallen war«, sagte Hafner.

»Von hinten? Einem Fremden würde sie doch nicht den Rücken zuwenden«, sagte Nygaard. »Stimmt's?«

»Aber Grimby würde sie den Rücken zukehren.«

Nygaard ging nicht darauf ein. »Da hat er also eine Leiche am Hals. Was tun? Aha, es so aussehen lassen, als ob es nach seinem Weggehen geschehen wäre! Sie ist ja eine Einsiedlerin, nicht? Hatte kaum jemals Besuch. Nach ein oder zwei Tagen würde ja kaum mehr festzustellen sein, wann es passierte. Also macht er in der Küche sauber, wäscht Geschirr und räumt alles weg. Dann versucht er, es so aussehen zu lassen, als ob ein sehr gründlicher Einbrecher dem Haus einen Besuch abgestattet hätte. Aber er hat noch nie ein Haus gesehen, in das wirklich eingebrochen worden ist, und so tut er des Guten zuviel. Und das Fenster in der Küche zerbricht er erst, *nachdem* er alle Schubläden herausgezogen, *nachdem* er die Teeblätter auf den Fußboden verschüttet hat. Inzwischen ist es draußen dunkel; er hat keine Ahnung von dem neuen Blumenbeet, denkt also auch nicht an Fußabdrücke, die ein richtiger Einbrecher ja hinterlassen müßte.«

»Woher willst du wissen, daß unter dem Schnee *keine* Fußabdrücke sind?« argumentierte Hafner. »Grimbys Fußabdrücke.«

»Nee! Dazu ist Grimby zu schlau. Er hätte sich ein anderes Fenster ausgesucht.«

»Oder er hätte sich zu große Stiefel angezogen und falsche Fußabdrücke hinterlassen«, sagte Hafner. »Er wußte ja nicht, daß es schneien würde, das darf man nicht vergessen. Aber angenommen, es *gibt* Fußabdrücke? Verdammt noch mal, Grimby ist nun mal ein Gauner!«

»Ist er das? Unser verehrter Chef spielt immerhin einmal im Monat Poker mit ihm, ebenso Bürgermeister Anderson und Richter Lundquist. Das Spiel mag ungesetzlich sein, aber ich wette, es geht dabei ehrlich zu.«

Hafner war nicht überzeugt. Er zuckte mit den Schultern, blies sich in die kalten Hände und sah sich um.

Es gab einen funkelnagelneuen Gegenstand in der Garage, ein seltsames Ungetüm, das wie eine Kreuzung zwischen einem Staubsauger und einem Außenbordmotor aussah, mit Gurten und Schnallen. Hafner starrte es an. Als er gewahr wurde, wie Nygaard sich über seine Verblüffung lustig machte, knurrte er: »*All right*, du Schlauberger: Was ist das?«

»Ein Laubsauger. Du schnallst ihn dir auf den Rücken, und er saugt dir alle Blätter zusammen – oder bläst sie in deines Nachbars Garten, wenn du mal keine Plastiksäcke hast. Ein Freund von mir hat auch einen, und ich hab ihn mir mal ausgeborgt. Es ist, als ob man ein Düsentriebwerk angeschnallt hat, aber es funktioniert ausgezeichnet. Du hältst also wirklich Grimby für den Täter?«

»Oh, Teufel noch mal, ja! Man sieht es ihm ja an. Sprunghaft, nervös, konnte mir nicht mal in die Augen sehen.«

»Er ist immer so.«

»Woher weißt du das?«

»Genauso, wie ich weiß, wie oft die Pokerrunde bei dem Nervenbündel stattfindet. Sag mal, wann hätte Grimby es denn tun sollen? Was hast du festgestellt, als du dir den Leichnam angesehen hast?«

»Sie ist seit mindestens zwölf Stunden tot. Die Leichenstarre ist vollständig eingetreten, das dauert acht bis zwölf Stunden, je kälter es ist, desto schneller geht es – und es ist kalt im Haus. Aber ihre Hornhaut ist getrübt, und das dauert zwischen zwölf und vierundzwanzig Stunden, wenn die Augenlider geschlossen sind, und das waren sie.« Hafner hatte die Crossly-Checkliste zu

Rate gezogen, die in die Innenseite des Untersuchungskoffers geklebt war, um den Todeszeitpunkt festzustellen.

Nygaard sah auf seine Uhr. »Zwölf Stunden zurück, das wäre dann gestern abend um elf. Wenn sie so ein Frühaufsteher ist, dann wäre sie da schon längst im Bett gewesen. Nehmen wir an, sie war spätestens um zehn Uhr tot. Wenn sie sich beim Kaffee Zeit gelassen haben, ist Olson vielleicht vor acht Uhr nicht weggekommen. Das läßt Grimby nicht viel Zeit, wenn er nach Olson gekommen sein soll.«

»Wenn er um acht Uhr ging, dann bleiben immerhin zwei Stunden.«

»Eine Autopsie wird zeigen, wie lange nach dem Essen sie ermordet wurde. Ich wette, es geschah gleich danach.«

»Und ich denke, es war nicht gleich danach. Was schlägst du also vor? Sollen wir *beide* verhaften? Ich glaube nicht, daß wir genug Beweise haben, um auch nur *einen* von ihnen festzuhalten, wenn es drauf ankommt. Verdammt, ich wünschte, wir könnten einen Blick auf dieses Blumenbeet werfen! Aber wir würden den Beweis vernichten, wenn wir mit der Schaufel drangingen, und ich will verdammt sein, wenn ich mich auf Händen und Knien mit der Kamelhaarbürste daranmache. Es wird noch Stunden dauern, bis wir die Mannschaft herbekommen.«

»Dann werden wir sie eben gehen lassen müssen – und der Schuldige wird seine Siebensachen packen und sich davonmachen.« Jetzt war Nygaard an der Reihe, sich entmutigt in der Garage umzuschauen. »Weißt du, wenn ich einen von diesen Laubsaugern und ein paar Skier hätte, brauchte ich mein Schneemobil nicht. Ich frage mich – he, hilf mir mal!« Er machte sich daran, den Apparat von der Wand zu hieven.

»Hat dir dieser verrückte Helm noch nicht gereicht?« fragte Hafner ungläubig.

»Nein, ich meine es ernst! Na los, das Ding ist schwer!«

Widerwillig machte sich Hafner daran, Nygaard beim Befestigen des Gerätes auf seinem Rücken zu helfen. Das Metall war so kalt, daß er ein Zischen nicht unterdrücken konnte, als er es mit den bloßen Händen berührte. Als ihm jedoch Nygaard seine Idee erklärte, nickte er und kehrte dann dankbar ins Haus zurück, wo es ein wenig wärmer war.

»Was tut er denn da draußen?« verlangte Olson ein paar Minuten später zu wissen, während er sich vorwärtsbeugte, um aus dem zerbrochenen Fenster zu sehen, dem Nygaard sich von draußen näherte.

»Das ist Mrs. Fiskes Laubsauger«, sagte Grimby. »He! Er hat ihn angeworfen!«

Das Trio sah gebannt zu, wie der Hüne in einer Schneewolke verschwand.

»Er deckt ein Blumenbeet auf«, sagte Hafner.

»Da ist kein Blumenbeet unter diesem Fenster«, sagte Olson.

»Doch, da ist eins«, sagte Grimby. »Ich habe es gestern selbst angelegt. Ich weiß, was er da tut. Er sucht nach Fußabdrücken, stimmt's? Nach den Fußabdrücken des Einbrechers.«

»Ja, das ist richtig«, sagte Hafner. »Niemand hätte durch dieses Fenster einsteigen können, ohne Fußabdrücke zu hinterlassen. Es sei denn, er wäre überhaupt nicht durch das Fenster eingestiegen, natürlich, sondern hätte es zerbrochen, nachdem Mrs. Fiske ihn eingelassen, nachdem er sie ermordet und er das Haus so zugerichtet hatte, daß es so aussah, als wäre ein Einbrecher hiergewesen.«

Grimby spitzte den Mund, als wollte er pfeifen, aber kein Ton kam heraus. Olson dagegen unternahm einen Anlauf in Richtung Haustür. Hafner ließ ihn verdutzt den halben Weg zurücklegen, bis er ihm nachrannte. Bis er ihn eingeholt hatte, saß Olson bereits auf dem Schneemobil und versuchte, es anzuwerfen.

Hafner zerrte ihn von der Maschine und warf ihn, Gesicht nach unten, in eine Schneewehe. Dann setzte er sich auf ihn drauf, während er die Handschellen herausfummelte. Schneeschipper hielten inne, um zuzuschauen. Hafner sagte: »Randolph Olson, Sie sind verhaftet. Sie haben das Recht, Schweigen zu bewahren ...«

»Ich will einen Anwalt!« schrie Olson.

»Sie haben das Recht, sich von einem Rechtsbeistand beraten zu lassen«, stimmte Hafner zu und hievte Olsons rechte Hand hoch, um sie an der linken zu befestigen. »Wenn Sie einen Anwalt wünschen und sich keinen leisten können, stellen wir Ihnen einen.«

»So pleite bin ich nun auch wieder nicht«, murmelte Olson; ein gefährliches Eingeständnis.

Hafner brachte ihn wieder hinein.

»*All right*, woher hast du es gewußt?« fragte Hafner, nachdem Nygaard den Laubsauger weggestellt und wieder ins Haus gekommen war.

»Grimby ist zu klein.«

»Zu klein für was? Um durch das Fenster zu klettern?«

»Nein, zu klein, um die Zuckerdose dort hinaufzustellen. Und warum sollte er auch? Er ist nicht derjenige, der versuchen würde, es so aussehen zu lassen, als hätte Mrs. Fiske das Abendessen weggeräumt, nachdem er gegangen war. Jedenfalls hat *sie* die Dose *nicht* da oben hingestellt. Die einzigen anderen Sachen, die auf dem Regal stehen, sind solche, die sie nie benutzte, wie diese Schüsseln da für die Art von Dinnerpartys, die sie ja nicht mehr gab. Was also hatte eine Zuckerdose voll Zucker – das heißt doch, sie benutzte sie jeden Tag – dort oben zu suchen? Olson ist Junggeselle; niemand hat ihm beigebracht, daß man Dinge des täglichen Bedarfs nicht auf hohe Regale stellt, wo die Damen des Hauses nicht hinkommen.«

Hafner dachte darüber nach. Es war eigentlich ganz einfach, wenn man es sich recht überlegte, genau wie Nygaards Antwort auf das Problem, wie man den Schnee auf dem Beet beseitigen konnte. Er grinste. »Darf ich dich bitten, mich auf meinem nächsten Fall zu begleiten?« fragte er mit ehrlicher Bewunderung.

Nygaard grinste zurück. »*Sure*.«

»Sobald der Schnee geschmolzen ist, natürlich. Damit wir mit dem Wagen fahren können.«

Hafner erklärte sich bereit, im Haus zu bleiben, um eine gründlichere Untersuchung zu leiten, sobald die Mannschaft von der Spurensicherung kam. Und Mr. Olson mußte sich der Peinlichkeit unterziehen, mit um Nygaards stattliche Taille gefesselten Händen auf dem Schneemobil in die Stadt zu reiten – unter Begleitung einer Kinderspielzeugsirene sowie eines ebensolchen blinkenden roten Lichtes.

Originaltitel: AN ILL WIND 4/84
Übersetzt von Hans-Ulrich Seebohm

Carroll Mayers

Der Augenblick der Wahrheit

Auf der Tafel stand: Pauls Restaurant – Hausmannskost. Das sah nicht sehr attraktiv aus, und der Bewirtungsbetrieb, auf den die Tafel hinwies, war es ebensowenig. Paul Leaming stieß einen tiefen Seufzer aus, als er sein altes Auto von der Straße herunter und hinter das Haus steuerte. Wenn es ihm nur möglich gewesen wäre, das Ganze etwas aufzupolieren, damit es einladender wurde – aber dazu war Geld nötig, viel Geld. Er aber hatte schon Mühe, kostendekkend zu arbeiten, und in drei Wochen war die dritte Rate für die Hypothek fällig ... Leamings Frau Edith trocknete den Kaffeetopf ab, als er eintrat. Sie war eine zierliche Frau und hatte schon mehr Silber im Haar, als ihm lieb war. »Wird aber Zeit, daß du kommst«, schalt sie ihn freundlich.

Leaming küßte sie auf die Stirn. »Es hat länger gedauert, als ich dachte«, sagte er nur. Er vermied ihren Blick und drehte, wie um eine weitere Unterhaltung zu verhindern, das kleine Radio auf volle Lautstärke.

Edith Leamings Blick war unverwandt auf ihren Mann gerichtet. »Konntest du keinen weiteren Aufschub bekommen?«

Leaming war von schmaler Gestalt; in sein Gesicht hatten sich tiefe Kummerfalten gegraben. Er drehte das Radio wieder leiser und hob langsam den Blick. »Nein.«

»Aber du hast doch Mr. Plummer erklärt, daß es bei uns allmählich besser läuft?«

»Ja, ja.« Leaming holte tief Atem und versuchte, die Spannung zu lösen, die sein Besuch in der Stadt verursacht hatte. »Mr. Plummer ist Bankier, Edith. Er muß die Interessen seiner Bank wahren.«

»Aber für eine Bank können achthundert Dollar doch nicht so viel bedeuten.«

»Es ist nicht nur der Betrag«, sagte Leaming nüchtern. »Wir haben schon zweimal Aufschub bekommen. Mr. Plummer hat keine Wahl ...« Leaming zog seine Frau an sich. »Edith – die Bank hat die gesamte Restzahlung fällig erklärt. Wir können dieses Haus nicht behalten.«

»Doch, Paul, doch!« Ihre Zuversicht ließ darauf schließen, daß sie die Bedeutung dessen, was er gesagt hatte, nicht völlig erkannte.

»Wir haben doch noch drei Wochen. Und es läuft *wirklich* besser ...«

Edith Leaming verstummte, als die Tür quietschte und ein gutgebauter junger Mann von vielleicht sechzehn Jahren hereinkam. Er war ohne Kopfbedeckung und trug eine schwarze Cordjacke über einem verblichenen blauen Arbeitshemd und schmutzige Bluejeans. Er schwang sich auf einen Hocker und warf Leaming einen kurzen Blick zu. »Kaffee und Kuchen.«

Die Halb-Dollar-Bestellung paßte nicht nur zu der Erscheinung des Jungen, sondern auch zu dem bescheidenen Geschäft, das hier ging. »Apfel? Kirsch?« fragte Leaming.

»Apfel.« Der Junge sah ihn nicht an und antwortete, als sei die Alternative zwischen Apfel und Kirsch vollkommen nebensächlich. Sein kurzgeschnittenes, blondes Haar und das glatte, gebräunte Gesicht ließen ihn ganz besonders jung erscheinen. Leaming war dabei, seine Altersschätzung zu revidieren, als er den Ausdruck im abgewandten Blick des Jungen bemerkte. Einen solch eiskalten Blick hatte er schon bei vierzigjährigen Gewohnheitsverbrechern bemerkt.

Die Erkenntnis, daß dieser scheinbar schwerfällige Junge mehr in sich hatte, als er an Jahren zählte, erschreckte Leaming. Plötzlich überlegte er, was wohl der wahre Grund für den Besuch des jungen Mannes in seinem Lokal sein mochte. Leaming sah sich noch einmal seine Bekleidung an. Die Jacke war Dutzendware, aber das Hemd und die Hosen wirkten wie eine Art Uniform. Gehörte er irgendeiner Bande an?

Von Unruhe erfüllt, ging Leaming zur Kaffeemaschine. Er wollte seiner Frau etwas von seiner Besorgnis ins Ohr flüstern, aber das Radio wummerte eine Rock-Nummer. Edith Leaming ihrerseits, die gerade ein Stück Kuchen abschnitt, schien keinerlei Irritation zu verspüren.

Leaming biß sich auf die Lippen; wahrscheinlich war seine Fantasie mit ihm durchgegangen. Der Junge war wegen Kaffee und Kuchen gekommen. Seine Kleidung war seine eigene Sache. In einer Viertelstunde würde er wieder weg sein.

Leaming machte sich zögernd an der Kaffeemaschine zu schaffen. Als er aus den Augenwinkeln zu seinem Gast hinüberspähte, spürte er ein leichtes Prickeln unter der Kopfhaut: Der Junge lugte ebenso heimlich zu ihm herüber. Unter gesenkten Lidern ging sein Blick zu Leaming, zu seiner Frau und zur Kasse.

Leamings Puls beschleunigte sich. Er hatte recht, gar kein Zweifel.

Der Junge war aus einer Strafanstalt entflohen, hatte sich irgendwo eine Waffe besorgt – die Ausbeulung in seiner Jackentasche? – und wartete jetzt auf eine günstige Gelegenheit.

Leaming lief ein Schauder über den Rücken hinunter. Er dachte nicht an das Geld in der Kasse, sondern an seine Frau. Angenommen, jemand kam gerade in dem Moment herein, wenn dieser hinterlistige Strolch zur Tat schritt, würde der Junge dann in Panik geraten, schießen ...?

Leaming konnte sich nicht mehr länger an der Kaffeemaschine zu schaffen machen, ohne daß es aufgefallen wäre. Er drehte sich um und stellte dem Jungen seinen Kaffee hin. Edith Leaming brachte den Kuchen und sah beifällig zu, wie der Gast das erste Stück auf die Gabel spießte. In Leaming stieg Beklommenheit hoch. Der Bursche war jung und stark, aber vielleicht konnte er es auch mit seinen vierundfünfzig Jahren noch mit ihm aufnehmen. Wenn er seine Frau blitzschnell zur Seite stieß und dann versuchte, den Burschen über die Theke zu ziehen ...

»... wir unterbrechen für eine Durchsage.« Die Rock-Nummer war plötzlich verstummt. »Kurz nach Mittag drang ein Mann in die Geschäftsräume der Acme Finance Company ein. Nach Aussagen der Mitarbeiter trug er eine Strumpfmaske und war mit einem Revolver bewaffnet.

Nachdem er dem Bürochef Mark Oberman befohlen hatte, ihm das Geld aus seinem Schreibtisch zu übergeben, schien der Möchtegern-Bandit zu zögern. Sekunden später ergriff er unter Zurücklassung des Geldes die Flucht.

Weder Oberman noch die anderen Mitarbeiter waren in der Lage, eine genauere Beschreibung zu geben. Die Polizei hat die Ermittlungen aufgenommen.«

Bei der plötzlichen Unterbrechung des Programms war der Junge ein wenig zusammengezuckt. Als die Musik wieder einsetzte, verzog er verächtlich die Lippen. »So ein Idiot«, murmelte er.

Er hatte die Bemerkung nur zu sich selbst gemacht, aber Leaming hakte sofort ein. Wenn es ihm gelang, den Jungen zum Reden zu bringen, ließ vielleicht dessen Aufmerksamkeit nach. »Wieso?« fragte er beiläufig.

Der Junge sah auf; sein Blick verriet Verachtung für Leamings Naivität. »War doch schon alles im Sack«, sagte er kurz.

»Im Sack?«

»Glasklar.« Wieder verzog der junge Mann das Gesicht. »Sie konnten ihn nicht aufhalten. Er hätte genausogut das Geld mitnehmen können. Nur, als es drauf ankam, hatte er plötzlich die Hosen voll.«

Vielleicht war es ein Irrtum, aber Leaming hoffte, der Junge würde sich vielleicht eine Blöße geben, wenn er seinen Widerspruch einlegte, indem er ihn provozierte. »Ihnen wäre das nicht passiert?« sagte er.

Die grauen Augen sahen ihn eiskalt an. »Ich bin kein Hanswurst, Mister.«

Leaming zuckte die Achseln, aber der Druck auf seiner Brust strafte seine scheinbare Gleichmut Lügen. »Vielleicht hat er sich's überlegt.«

»Was?«

»Vielleicht war es gar nicht so, daß er Schiß kriegte. Vielleicht hat er sich im letzten Moment anders entschieden.«

»Gewissen, meinen Sie?« Der Junge artikulierte das Wort, als sei es ekelerregend.

»Ja, so was.«

»Das ist was für Weiber.«

»Nicht unbedingt«, sagte Edith Leaming unvermittelt. Ihr Ton war ganz ruhig. »Es könnte auch bei Ihnen so sein, junger Mann.«

Rote Flecken erschienen auf den Wangen des jungen Mannes. »Was soll denn das heißen, Lady?«

Sie faßte ihn fest ins Auge. »Ich glaube, Sie wissen, was ich meine.«

Leaming stockte der Atem. Auch seine Frau hatte gemerkt, was los war, und sie stellte sich diesem bewaffneten Kerl entgegen. Er fuhr sich mit der Zunge über die trockenen Lippen. »Edith, die Kaffeemaschine tropft.«

Ihr Blick sagte ihm, daß sie verstand, doch sie rührte sich nicht von der Stelle. »Du traust dich nicht, Junge, wirst nervös«, sagte sie einfach. »Ist es das erste Mal?«

Der Junge streckte das Kinn vor. Abrupt glitt er vom Hocker, während seine Hand in die Jackentasche fuhr und blitzschnell wieder zum Vorschein kam. »Und wenn?« stieß er hervor. »Her mit dem Geld. Ich brauche es. Und versuchen Sie bloß nicht, mich aufzuhalten.«

Er hatte keine Schußwaffe. Was er in der Hand hielt, war ein spannenlanges Springmesser. Während er auf die Kasse zuging, bedrohte er Leaming und seine Frau, indem er das Messer ruckartig in die Höhe stieß. Seine Frustration legte sich Leaming wie ein Stein auf den Magen. Er hatte zu lange gewartet, hätte seine Chance eher beim Schopf packen sollen. Er nahm seine Frau am Arm, damit sie nichts Unüberlegtes tat.

Edith Leaming war ganz ruhig stehengeblieben. »Du hast noch Zeit«, sagte sie zu dem Jungen. »Noch bist du kein Räuber.«

Als der Junge die Kasse erreicht hatte, zögerte er. »Waren Sie je in einem Erziehungsheim, Lady?«

»Nein.«

Er drehte den Schlüssel der Registrierkasse um. »Ich schon – bis gestern.«

»Und jetzt bist du davongelaufen und wirst ein Verbrecher.«

Seine Backenmuskeln traten hervor. »Hören Sie auf zu predigen, Lady. Ich weiß, was ich tue.«

Sie nickte nur. »Ich auch. Du verkaufst deine Selbstachtung für ein paar Dollar.«

Für einen langen Moment sah der Junge Edith Leaming herausfordernd an. Dann kniff er die Lippen zusammen, und er holte mit der freien Hand ein Bündel Scheine aus der Kassenschublade. Er war dabei, das Geld in seine Tasche zu stopfen, als vor dem Haus Bremsen quietschten.

Der junge Mann fuhr herum und erstarrte dann wie ein in die Enge getriebenes Tier. Draußen stand das schwarz weiße Auto des Sheriffs.

Leaming spürte, wie ihm der Schweiß ausbrach. Wenn der Sheriff hereinkam, konnte das die gewalttätige Reaktion auslösen, die er befürchtet hatte.

Edith Leaming blieb ruhig. »Steck das Messer weg«, sagte sie zu dem Jungen.

Der Junge zögerte, bewegte sich nicht.

»Steck es weg!« drängte sie. »Und setz dich wieder auf deinen Hocker!«

Leaming begriff, was seine Frau im Sinn hatte. »Edith...«, entfuhr es ihm.

Sie achtete nicht auf ihn. Mit einer befehlenden Geste trat sie zur Kasse. Als Joe Guenther, der Bezirkssheriff, eintrat, war das improvisierte Bild komplett. Leaming wischte die Theke ab, seine

Frau zählte das Kleingeld in der Kassenschublade, und der Junge saß wieder auf seinem Platz und aß den Rest seines Kuchens.

»Hallo, Edith, Paul.« Der Sheriff war rundgesichtig und dick. Er ließ sich auf einen Hocker plumpsen und würdigte den Jungen nur eines kurzen Blickes. »Kaffee.« Er lächelte Leaming an.

Die Krise und die Lösung durch seine Frau waren rasch aufeinander gefolgt. Der Zweifel, ob seine Frau richtig gehandelt hatte, nagte auch jetzt noch an Leaming, aber als Edith die Sache einmal in die Hand genommen hatte, war er ihrer Führung gefolgt. Er ließ Kaffee in die Tasse laufen und machte Konversation. »Sind Sie dienstlich hier, Joe?«

Der Sheriff nahm einen großen Schluck. »So eine Art offizielle Entenjagd«, sagte er. »Ein maskierter Mann sei in einem Supermarkt aufgetaucht, meldete eine Frau. Könnte vielleicht der gleiche Täter sein, dachte ich, der heute mittag in der Stadt einen Geldraub verbockt hat.«

Edith Leaming räumte den Teller des Jungen ab. Der junge Mann sah kurz auf, und sie warf ihm einen Blick zu, der *ruhig bleiben* bedeutete. Der Sheriff nahm nichts davon wahr.

»Und er war es nicht?« fragte Leaming.

»Nein.« Guenther stieß einen matten Seufzer aus. »Nur so ein Kerl mit einer Hautkrankheit, dem sie den größten Teil des Gesichts verbandagiert hatten.«

»An die Art von falschem Alarm sind Sie wohl schon gewöhnt«, sagte Leaming.

Der Sheriff seufzte wieder und trank seinen Kaffee aus. »Sollte ich wenigstens sein«, murmelte er. »Also, bis bald.« Er legte das Geld auf die Theke, sah noch einmal kurz zu dem Jungen hinüber und ging.

Der junge Mann machte keine Bewegung, bis er den Motor hochdrehen und das Auto des Sheriffs wegfahren hörte. Dann stand er auf. Seine Lippen bebten; der Blick seiner weitaufgerissenen Augen war ins Leere gerichtet. Er drehte sich um, zögerte, blieb stehen, kam wieder zurück. Er schluckte, als er in seine Tasche langte, zögerte wieder. Mit abrupter Bewegung holte er die Handvoll Scheine hervor, warf sie auf die Theke. Dann fuhr er wortlos herum und eilte hinaus.

Leaming stand mit weichen Knien da und sah zu. Das Schlagen der Tür löste seine innere Spannung. Es war vorüber – und nichts war passiert. Die Taktik seiner Frau war erfolgreich gewesen.

Edith Leaming lächelte ihrem Mann zu, während sie das Geld zählte. »Er hat nichts davon behalten«, sagte sie. »Er war doch noch ein Junge, und ganz bestimmt war es das erste Mal. Habe ich was falsch gemacht, Paul?«

Leaming schüttelte den Kopf. »Nein.« Er sagte es aufrichtig. Die Erinnerung an diesen Tag, an dem er nicht zum Räuber geworden war, konnte dem Jungen eine Hilfe für den Rest seines Lebens sein.

Leaming hoffte es jedenfalls. Dennoch, er wußte, daß der Junge kein alleiniges Recht auf einen Augenblick der Wahrheit hatte. Und er wußte auch den wirklichen Grund, warum er dem Beispiel seiner Frau gefolgt war und dem Jungen eine Chance gegeben hatte. Das Gewissen konnte sich auch im Alter regen.

Während sich seine Frau daranmachte, die Kaffeemaschine zu reinigen, ging Paul Leaming zu seinem alten Auto und holte den Revolver und die Strumpfmaske aus dem Handschuhfach. Er ging damit hinter das Haus, das Edith Leaming um keinen Preis aufgeben wollte, und begrub beides tief in der Erde.

Originaltitel: MOMENT OF TRUTH 5/68
Übersetzt von Dolf Strasser

Ingram Meyer

Dreimal Holz

Das Telefon schrillte. Pixy machte ein Auge auf und tastete nach dem Krachmacher.

»Verflucht«, krächzte er, immer noch halb im Schlaf, als er sich daran erinnerte, daß er es gestern nacht nicht mit ans Bett genommen hatte.

Er versuchte, sich aus Laken und Decken zu befreien und kippte irgendwann, immer noch völlig eingewickelt, mit allem Drum und Dran auf den Boden. Das Telefon schrillte weiter.

Pixy trat die halb offene Schlafzimmertür ganz auf und stolperte in den Flur.

»Ja, hallo?« schimpfte er.

»Aha. Wie ich höre, hast du deinen Morgenkaffee noch nicht gehabt«, kam eine fröhliche Stimme durch die Leitung.

»Mensch Gran, es ist doch erst –«

» – halb acht.« Grandma klang an diesem Morgen ganz besonders fröhlich. »Werf mal einen Blick aus deinem Fenster«, sagte sie und hängte ohne weiteren Kommentar ein. Wußte sie etwa über letzte Nacht Bescheid Höchstwahrscheinlich. Schließlich wußte sie doch immer über *alles* Bescheid, was er tat.

»Ich ziehe hier weg«, schimpfte Pixy vor sich hin. »Ans andere Ende der Stadt. Oder nach Kanada. Auf die Spitze des Mount Everest!«

Bis in die frühen Morgenstunden war er bei seiner neuen Freundin Tiffy gewesen, die an der nächsten Ecke wohnte, zur Feier der Pensionierung ihres Vaters. Und gefeiert hatten sie! Und die verschiedenen Flaschen des alten Knochen geleert. Schreckliches Zeug war das gewesen. Und schließlich hatten er selbst und Tiffys Vater ein paar Gläser zuviel gehabt, und sie war wütend geworden und ins Bett gegangen. Jetzt hatte Pixy ein richtig schlechtes Gewissen, und außerdem tat ihm der Kopf entsetzlich weh. Hoffentlich fühlte der alte Bogmann sich genauso miserabel. Das geschähe ihm nur recht. Sich selbst eine Party zu geben! Also so was.

Zärtlich strich eine Katze an seinem nackten Bein vorbei. Natürlich Grandmas fette, gestreifte Tigerkatze. Pixy gähnte.

»Das Haus wird auf jeden Fall verkauft«, erzählte er der Katze.

»Ich werde nicht länger neben *ihr* wohnen!« Die Katze schnurrte laut, nicht etwa für den mürrischen jungen Mann, sondern für die große gescheckte Katze, die gerade um die Küchentür bog.

»Wie, zum Teufel, seid ihr zwei überhaupt in mein Haus gekommen?« schrie Pixy. Aber die gescheckte Katze machte nur zufrieden den Rücken krum, und die getigerte fing an, sich das Gesicht zu waschen.

»Ich rufe jetzt sofort die Tierfänger an, damit sie euch holen kommen!« Aber natürlich wußten Grandmas Katzen genau, daß dies nur eine leere Drohung war, denn ihre geliebte Besitzerin würde ihren Nachbarn, der gleichzeitig auch ihr Geschäftspartner war, mit nackten Händen erwürgen, sollte er Fluffy oder Louise auch nur ein einziges Härchen krümmen. Sie und dieser junge Mann mochten zwar Partner in ihrem privatdetektivischen Ermittlungsbüro sein, und sie mochte ihn wie einen eigenen Sohn behandeln, aber ihre süßen Katzen würden immer an erster Stelle stehen.

Plötzlich erinnerte Pixy sich vage an ein offenes Wohnzimmerfenster letzte Nacht. Er rannte hinüber und erwartete schon halb, das Zimmer als Chaos vorzufinden, leergeräumt von Einbrechern, aber alles war in Ordnung, bis auf die pieksende Topfpflanze, die *sie* von nebenan ihm geschenkt hatte. Sie lag auf dem Boden, umgeben von verschütteter Blumenerde, und war in zwei Teile zerbrochen. Pixy grinste hämisch.

»Danke«, sagte er zu den Katzen. »Jetzt kann ich das häßliche Grünzeug endlich guten Gewissens in den Müll werfen.« Dann sah er aus dem Fenster, sah die Straße hinauf und hinunter und vergaß, den Mund wieder zuzumachen. Er wohnte in einer relativ neuen Siedlung mit kleinen, aber gemütlichen Bungalows und ein paar größeren Häusern im Ranchstil. Und da draußen, mitten in ihrem hübschen, friedlichen Block, waren zwei –

Pixy wollte seinen Augen nicht trauen. Es war einfach zu dumm. Er drehte sich um und marschierte in die Küche, ging zum Schrank, nahm eine Tasse heraus – die Gläser lagen noch irgendwo unter einem Berg schmutzigen Geschirrs im Spülbecken – ging weiter zum Kühlschrank und goß eine Tasse voll Milch. Er nahm einen großen Schluck, stellte die Tasse auf den Tisch, ging zurück ins Wohnzimmer und sah erneut aus dem Fenster. Jep, die Dinger, die *beiden* Dinger, waren wirklich da. Blockierten die Straße von einem Ende zum anderen. Es waren zwei riesige Sattelschlepper, Tieflader beide, einer immer noch voll beladen mit Bauholz, der andere schon halb leer. Pixy rieb sich die Augen. Es war wirklich zu dumm. Seinem Haus direkt gegenüber, auf dem einzigen noch unbebauten Grundstück der Straße, standen zwei sehr wütende Männer in Arbeitskleidung. Sie schüttelten die Fäuste und sahen aus, als würden sie gleich die schönste Keilerei anfangen. Auf der Straße stand die gesamte Nachbarschaft, die meisten Kinder noch in den Schlafanzügen. Aufgeregte Hunde rannten hin und her und bellten glücklich. Ein großer Mann in Feuerwehruniform – Hal Ryan, Pixys nächster Nachbar zur Linken – winkte und rief ihm fröhlich zu: »Sieht aus, als wäre der Zirkus in der Stadt.« Dann kam er quer über Pixys Rasen ans Fenster. »Was für ein Durcheinander. Anscheinend hat einer der Lastwagenfahrer die falsche Adresse erwischt, aber keiner der beiden will es zugeben.«

Inzwischen war der erste Sattelschlepper fast leer, und zwei Männer am zweiten fingen damit an, die Ketten zu lösen, die den Stapel Bauholz zusammenhielten. Über all den Lärm konnte man den Fahrer des ersten Lasters rufen hören: »– mein Auftrag. Mr. Rathmore wird jeden Augenblick mit meinem Scheck hier sein. Er sagte, er käme so gegen sieben.«

»Falsch!« schrie der zweite Fahrer. »Der Mann wird um Viertel vor acht mit *meinem* Scheck hier sein.« Er zeigte auf seine Männer, die mit dem Entladen angefangen hatten. »Mr. Rathmore hat die Ladung Bauholz bei *uns* bestellt, und von uns wird er sie auch kriegen.«

Der große Feuerwehrmann unter Pixys Fenster sagte: »Junge, Junge, Pixy, ich bin ja mal gespannt, was für ein Monstrum dieses neue Haus wird. Bei den Massen von Bauholz werden unsere Häuser wie Spielzeugkisten aussehen.«

Von rechts kam jetzt Grandma durch eine Lücke in der Geißblatt-Hecke, unter lautem: »Juhu! Juhu!«

Die beiden Katzen in Pixys Haus hörten die Stimme ihrer Herrin durchaus, leckten aber weiter die Milch auf, die aus Pixys umgekippter Tasse auf den Tisch gelaufen war. Erst dann flitzten sie durch den Flur, durch das Wohnzimmer, vorbei an Pixy, und hinaus aus dem immer noch offenen Fenster.

»Ach, da seid ihr ja, meine kleinen Lieblinge. Habt ihr unserem lieben Nachbarn einen kleinen Freundschaftsbesuch –«

Pixy knallte angewidert sein Fenster zu.

Glücklicherweise verlief hinter der Häuserreihe, in der die beiden Detektive wohnten, eine schmale Gasse, so daß Grandma und Pixy den Trubel auf der Straße vorne umgehen konnten. Um neun Uhr kamen sie in ihrem Büro an. Sophie Carlton, ihre Sekretärin und eine alte Schulfreundin von Grandma, hatte den Kaffee schon fertig und schmierte gerade für sie alle drei Butter auf selbstgemachte Blaubeerpfannkuchen. Sofort ging es Pixy besser.

»Gran? Ist diese wundervolle und ach so schöne Sekretärin hier wirklich echt?« Er drückte Sophie liebevoll an sich und goß sich Kaffee ein.

»Aber, aber, Pixy«, schimpfte Grandma zum Spaß. »Du sollst sie doch nicht über die Maßen loben. Sonst wird sie auf einmal vielleicht ganz modern und weigert sich, all die Kleinigkeiten zu tun, die Sekretärinnen ganz selbstverständlich taten, als sie und ich noch jung waren. Oder, was noch schlimmer wäre, sie könnte eine Gehaltserhöhung verlangen.«

Die beiden Detektive nahmen Kaffee und Blaubeerkuchen mit in das hintere Büro, das sie sich teilten, und Sophie Carlton fing an, auf ihrer Schreibmaschine zu hämmern.

Ungefähr zwei Stunden später steckte Sophie den Kopf durch die Tür.

»Was ist denn, Sophie?« fragte Grandma und sah von einer Akte auf. Die Sekretärin kam ganz ins Zimmer und machte die Tür hinter sich zu.

»Bei mir draußen sitzt ein Mann. Er will wissen, ob er auch ohne Voranmeldung mit euch sprechen kann.«

»Warum fragst du überhaupt? Du weißt doch, daß bei uns Voranmeldungen nicht nötig sind. So toll gehen die Geschäfte nun auch wieder nicht«, sagte Pixy.

»Ja, ich weiß. Aber dieser Mann, er heißt übrigens Johnny Lancaster, ist irgendwie komisch. Vielleicht nicht ganz richtig im Kopf«, sagte Sophie und tippte sich mit dem Finger an die Stirn.

Grandma und Pixy standen gleichzeitig hinter ihren Schreibtischen auf und folgten ihrer Sekretärin ins vordere Büro.

Der Mann, der sich bei ihrem Eintreten von seinem Stuhl erhob, war nicht viel größer als Pixy, aber seine Arme waren muskulös und kräftig, und unter den hochgekrempelten Ärmeln war die Tätowierung eines Adlers und eines Wappens zu sehen. Sein Haar war kurz geschnitten und mit Grau durchsetzt, und ein buschiger Schnurrbart verdeckte fast den ganzen Mund. Am linken Auge hatte er einen nervösen Tick. Er schüttelte Pixys ausgestreckte Hand, nickte Grandma zu und räusperte sich.

»Tag«, sagte er. »Ich bin Johnny Lancaster von der Holzhandlung Lancaster. Ich weiß nicht, ob Sie sich an mich erinnern, aber ich war einer von den beiden Fahrern, die heute morgen mit einer Fuhre Bauholz in Ihrer Straße festsaßen. Und nach all dem Ärger mit der Polizei und mit den Reportern, und nach dem Krach mit diesem wütenden, hinterlistigen Konkurrenten von mir, denke ich jetzt, daß ich mir besser einen Privatdetektiv nehme, um eine gewisse Person zu finden.«

»Lassen Sie mich raten«, sagte Pixy. »Jemand hat sowohl Ihnen als auch der anderen Firma den Auftrag gegeben, Baumaterial zur selben Adresse zu liefern. Stimmt's?«

»Stimmt. Auf ein Grundstück, auf dem irgendeine Baugesellschaft schon nächste Woche mit dem Bau eines brandneuen Hauses im Ranchstil anfangen soll. Das Fundament ist schon da. Übrigens gehört die Holzfirma mir. Sie ist zwar nur klein, aber eines kann ich Ihnen sagen – heute abend wird sie berühmt sein. Ich werde der Witz des Tages sein. Natürlich hat sich die Presse auf die Sache gestürzt. Die ganze Starbird Street war voll mit Kameras und was weiß ich. Verdammt! Verdammt.« Er ballte die Hände zu Fäusten und stöhnte laut. »Und das schlimmste daran ist, daß ich am Samstag heiraten soll, und ich will verdammt noch mal nicht, daß meine Verlobte die Hochzeit absagt. Sie ist nicht der Typ, der einen lächerlichen Idioten heiraten würde. Also bitte, versuchen Sie, diesen verrückten alten Mann zu finden, der bei zwei verschiedenen Firmen Bauholz bestellt hat. Dabei gehört ihm das Grundstück nicht einmal!« Johnny Lancaster wickelte einen Kaugummistreifen aus seiner Umhüllung und steckte ihn sich in den Mund.

»Wenn ich doch bloß nicht das Rauchen aufgegeben hätte. Aber meine Verlobte hat es verlangt. Und jetzt bin ich fast versucht, wieder –«

»Tun Sie es bloß nicht«, warnte ihn Grandma. »Mit Zigaretten werden Sie diesen Fall auch nicht lösen. Sehen Sie, wie nervös Sie sind? Sie wollen doch nicht zu allem Übel auch noch Lungenkrebs bekommen, oder? Sie wollen doch nicht, daß Ihre zukünftige Frau demnächst Witwe wird, oder? Daß Sie all Ihr Geld erbt und sich wieder verheiratet und –« Grandma ging mal wieder die Fantasie durch, und Pixy wurde vor Verlegenheit rot.

Johnny Lancaster schüttelte den Kopf. »Bitte, bitte, lassen Sie es gut sein. Sie klingen genau wie meine Mutter. Ich bin hierhergekommen, weil ich jemand brauche, der mir aus der Klemme hilft, nicht um mir eine Predigt anzuhören. Helfen Sie mir, den Kerl zu finden, der mich zum Gespött der ganzen Stadt gemacht hat.« Eine Weile kaute er wie wild auf seinem Gummi herum.

Pixy fragte: »Können Sie ihn denn nicht selbst finden? Steht er nicht im Telefonbuch? Überhaupt hätten Sie sich doch seine Adresse aufschreiben müssen, als Sie den Auftrag annahmen.«

»Habe ich ja auch. Und ich habe natürlich angerufen, bevor ich hierher kam, aber – Sie werden es mir nicht glauben – ich mußte mir sagen lassen, daß der Mann, dessen Adresse ich hatte, Andrew Rathmore, schon seit zwei Jahren tot ist.«

»Was?« riefen Grandma und Pixy und Sophie Carlton, die die Tür offengelassen hatte.

Johnny Lancaster lehnte sich in seinem Stuhl zurück. »Lassen Sie mich erklären«, sagte er und rieb sich die Augen. Er sah sehr müde aus, und er tat den anderen richtig leid.

»Letzte Woche, am Dienstag, kam ein alter Herr, der sich Andrew Rathmore nannte, in mein Büro und bat um einen Kostenvoranschlag für das Material, das er für den Bau seines neuen Hauses brauchen würde. Er sagte mir, wie bald und wie viel Material er brauchte, und er sagte, er wolle das beste Holz, das es gibt. Eine zusätzliche Gemeinheit war das. Auf jeden Fall machten wir aus, daß ich ihn am nächsten Tag mit meinem Voranschlag anrufen würde, weil ich mir natürlich erst die Baupläne und den Bauplatz ansehen wollte. Manche dieser neu erschlossenen Baugelände sind ja so weit abgelegen und so schwer zu erreichen –

Na ja, Rathmore, oder wer immer er auch war, war einverstanden. Er gab mir eine Kopie des Bauplans und eine Telefonnummer. Ich muß zugeben, daß ich wirklich sehr an dem Auftrag interessiert war. In der Holzbranche ist heutzutage auch nicht mehr alles so, wie es mal war.«

Johnny Lancaster schlug die Beine übereinander und fuhr fort. »Dann sagte der Mann, nichts für ungut, aber er hätte sich bereits mit einer anderen Holzhandlung in Verbindung gesetzt und dort ebenfalls um einen Kostenvoranschlag gebeten, und das günstigste

Angebot würde natürlich den Zuschlag erhalten. Deshalb –« Johnny Lancaster seufzte tief. »Deshalb fragte ich offen heraus, wie hoch denn der andere Kostenvoranschlag wäre. Der alte Rathmore zierte sich ein bißchen und nannte mir dann zögernd einen Betrag. Der Preis war nicht schlecht, und ich brauchte den Auftrag, und deshalb sagte ich, ich würde es zehn Prozent billiger machen. Na ja, und dann hat er mir direkt den Auftrag gegeben. Es hat eine Weile gedauert, bis ich nach seinem Plan genau berechnet hatte, wieviel Holz er brauchen würde, aber dann machten wir alles fest. Ich versprach pünktlich heute morgen zu liefern, und damit hatte sich die Sache. Er sagte, er käme dann auf sein Grundstück in der Starbird Street und würde einen beglaubigten Scheck mitbringen. Und natürlich habe ich Idiot, so wild auf das Geschäft bei der heutigen Lage, und so besorgt wegen der Hochzeit, ihm geglaubt. Vielleicht hätte ich Lunte riechen sollen. Ich meine, es ging ja um eine ganz schöne Summe, Tausende, aber wie gesagt, war der Mann nicht mehr der Jüngste, und dann werden sie ja manchmal ein bißchen komisch im Kopf. Aber auf jeden Fall redete ich mir ein, daß ich keinen Grund hätte, mir Sorgen zu machen. Und jetzt –«, Johnny Lancaster vergrub stöhnend den müden Kopf in den Händen. »Und jetzt ist alles doch völlig schiefgegangen.«

»Und der alte Mann hat Ihnen die Telefonnummer von jemand gegeben, der schon seit zwei Jahren tot ist?« fragte Pixy.

»Ja, genau. Heute morgen, in der Telefonzelle, von der aus ich ihn gleich anrufen wollte, habe ich mich extra noch einmal vergewissert. Es ist die richtige Adresse und Telefonnummer, bloß ist sie jetzt unter ›M. Rathmore‹ eingetragen. Das ist seine Witwe.«

Grandma fragte: »Und was ist mit der anderen Holzfirma? Die müssen doch dasselbe mitgemacht haben. Und was ist mit Ihrem Auftragszettel?«

Johnny Lancaster zuckte die Schultern. »Der Auftragszettel ist mit ›Andrew Rathmore‹ unterschrieben, und der Kerl ist *tot*. Seit zwei Jahren.«

Pixy hatte sich die ganze Zeit über Notizen gemacht, sagte aber nichts. Es fiel ihm auch nichts ein, was er fragen könnte.

Lancaster erzählte weiter, wie er und seine Angestellten den ganzen gestrigen Nachmittag damit verbracht hatten, den Sattelschlepper mit dem Holz zu beladen. Wie er und einer seiner Männer heute morgen, als der Verkehr noch nicht so dicht war, die Ladung durch ruhige Seitenstraßen gefahren hatten, er selbst, Johnny Lancaster, am Steuer. Sie waren unheimlich gut gelaunt gewesen und hatten den ganzen Weg zur Starbird Street gelacht und Witze gemacht.

»Aber sind Sie eigentlich nicht vorsichtiger, wenn es um Ihre Kunden geht?« fragte Grandma. »Überprüfen Sie die denn gar nicht? Ich meine, für mich klingt es wirklich so, als ließen Sie Türen und Tore offen für –«

»Oh, natürlich tun wir das, aber dieses Mal habe ich den Kunden eben nur im Telefonbuch nachgeschlagen, leider in einem alten, das unten im Arbeitsschuppen lag. Und da stimmten Name und Adresse eben. Andrew Rathmore stand drin. Deshalb gab es dann ja heute morgen mit dem neuen Telefonbuch die unangenehme Überraschung. Und dann mit seiner Witwe zu reden! Es war einfach schlimm, und das ist noch milde ausgedrückt. Die arme Frau fing zu weinen an.« Johnny Lancaster kamen fast selbst die Tränen in die Augen.

Und dann kam Sophie Carlton mit einer dampfenden Tasse Kaffee und einem gebutterten Pfannkuchen herein. »Das hier wird Ihnen wieder auf die Beine helfen, Sie Armer«, sagte sie. »Und hier ist ein Papiertuch für Ihren Kaugummi.«

Johnny Lancaster sah verwirrt hoch. Pixy grinste.

Der Holzhandlungsbesitzer nahm Kaffee und Pfannkuchen dankbar an und fuhr fort:

»Können Sie sich vorstellen, wie das ist, nach jemand zu fragen, der schon lange tot ist? Mir ist es richtig den Rücken heruntergelaufen, ehrlich. Und auch die alte Dame bekam einen richtigen Schock, als ich nach ihrem verstorbenen Ehemann fragte.«

»Wo liegt Ihre Firma eigentlich?« fragte Grandma.

»Das Holzlager ist am Corbin Drive. In der Nähe des Hafens.«

»Ach ja. Ein ganz schönes Stück von der Starbird Street weg.«

»Das kann man wohl sagen. Auf jeden Fall hat dieser Rathmore, oder wer auch immer, mir erzählt, sein altes Haus wäre von der Stadt aufgekauft worden, und da sollte jetzt ein öffentliches Schwimmbad hin, und deshalb müßte alles auch relativ schnell gehen. Und er sagte, das Grundstück wäre drei Morgen groß, und überhaupt klang er eben sehr überzeugend. Mann-o-Mann, der alte Knochen war wirklich gründlich, das muß man ihm lassen.«

Als ihr Klient gegangen war, versuchten Grandma und Pixy einen Aktionsplan für diesen Fall zu entwerfen, der wirklich sehr verwirrend war. Einen Zeitplan aufstellen, herausfinden, wo man Informationen über die Neubausiedlung Starbird Street einholen konnte, die betroffenen Holzhandlungen überprüfen und selbst ein bißchen in der Vergangenheit des verstorbenen Andrew Rathmore herumforschen. Irgendwo dort mußte doch das Motiv für den Schwindel liegen.

Grandma sagte. »Als erstes sollten wir –«

Sophie Carlton klopfte und steckte den Kopf durch die Tür.

»Ratet mal, wer hier ist?« sagte sie.

Die beiden Detektive sahen sie fragend an. Sophie Carlton war in ihren jüngeren Jahren Schauspielerin gewesen und hatte in zahlreichen Rollen Dienstmädchen, Krankenschwestern und Sekretärinnen gespielt. Und jetzt, wo sie als wirkliche Bürohilfe für die Ermittlungsagentur Smith und Pixley arbeitete, konnte sie sich nicht von dem theatralischen Bild lösen, das sie vor so vielen Jahren für sich selbst entworfen hatte. Ihre geduldigen Arbeitgeber zu bitten, doch zu raten, wer im vorderen Büro wartete, war Teil ihrer Persönlichkeit, war der Versuch, ein bißchen Dramatik in ihr Leben zu bringen. Grandma und Pixy warteten die angemessenen dreißig Sekunden, und dann sagte Pixy: »Wir geben auf. Wer ist es?«

»Der *andere* Lastwagenfahrer. Hättet ihr das gedacht?«

Der Mann, der das Büro betrat, war zumindest dem Aussehen nach das völlige Gegenteil von Johnny Lancaster. Er war groß und dünn und hatte flammendrotes Haar. Er mochte ungefähr genauso alt sein wie der andere, hatte aber ein glattes, sauber rasiertes Gesicht. Er sagte »Hallo« und stellte sich als Kiel Atwell vor. Seine Geschichte stimmte fast völlig mit der des anderen Klienten überein, bloß sah Atwell die ganze Sache mit mehr Humor. Auch er war Besitzer, oder Mitbesitzer, einer kleinen Holzhandlung, aber er hatte keine verschrobene Verlobte, von der er Schwierigkeiten erwarten mußte, weil jemand ihn lächerlich gemacht hatte. Nein, dieser Kunde hier hatte einen reichen Großvater, der sozusagen die Geldbörse in festen Händen hielt.

»Wir können doch nicht zulassen, daß der gute alte Nikolaus aus dem Holzgeschäft aussteigt, nicht wahr?« grinste Kiel Atwell. »Es wäre ja noch schöner, wenn seine Backgammon-Freunde im Heim ihn damit aufziehen, daß er so einen wie mich in der Familie hat.

Großväterchen haßt jede Art von Publicity. Deshalb kann ich auch keine Anzeige gegen diesen Rathmore erstatten, wegen arglistiger Täuschung oder was weiß ich. Und deshalb will ich, daß Sie ihn für mich finden. Dann kümmere ich mich schon selbst um ihn.«

Grandma und Sophie Charlton sahen besorgt aus, aber Pixy schüttelte nur den Kopf.

»Der alte Andy ist seit zwei Jahren tot.«

»Haha«, sagte Kiel Atwell. »Mein Andy, der Mensch, der in mein Büro kam und eine Ladung Bauholz bestellte, war vielleicht nicht mehr der Jüngste, aber so sicher wie das Amen in der Kirche war er nicht tot.«

Grandma fragte: »Und wo liegt Ihre Holzfirma?«

»Gar nicht so weit von Ihrer Straße. Am Ende einer kleinen Sackgasse, die von der Durchfahrtsstraße abgeht.« Die Detektive kannten die Gasse. Sie lag nur ungefähr sechs Blocks von der Starbird Street entfernt.

»Übrigens«, sagte Kiel Atwell, »habe ich Ihre Adresse von einem Bekannten bekommen, der in Ihrer Straße wohnt. Er ist Feuerwehrmann.«

Die Detektive sagten nichts. Bestimmt wußte keiner ihrer beiden Klienten, daß sein Rivale auch zu ihnen gekommen war, deshalb hielten sie schön den Mund. Kiel Atwell fuhr fort:

»Ich komme mir ja ein bißchen blöd vor, daß ich mich von dem alten Knaben so habe reinlegen lassen, aber er klang einfach so echt, als er in meinem Büro saß, wenn Sie wissen, was ich meine. Er sagte, er bräuchte unbedingt ein neues Haus, weil die Gemeinde Bellingham sein altes Grundstück aufgekauft hatte, um dort ein neues Gemeindezentrum mit Schwimmbad und so weiter zu errichten.«

»Haben Sie versucht, Ihren Kunden zu erreichen, bevor Sie zu uns gekommen sind?« fragte Pixy.

»Na klar. Sobald ich den Laster zurückgefahren hatte, habe ich meinen Mustang-Ghia geholt und bin zu der Adresse hingefahren, die er mir gegeben hatte. Und wissen Sie was: die Adresse war ein Spielplatz. Nicht einmal so sehr neu. Ich fragte eine junge Mutter mit einem Kind, das im Sandkasten hockte, ob Sie etwas über eine Familie Rathmore wüßte, und sie sagte, die wären vor ein paar Jahren weggezogen, als der Spielplatz angelegt wurde. Da hatte es natürlich keinen Zweck mehr, weiterzusuchen.«

»Aber Sie hatten doch auch eine Telefonnummer, oder?« fragte

Grandma. »Haben Sie versucht, diesen Rathmore telefonisch zu erreichen?«

»Nein. Ich dachte, die Telefonnummer wäre mit dem Haus verschwunden.«

»Nicht unbedingt. Die meisten Leute nehmen ihre Telefonnummern mit, wenn sie umziehen. Außer natürlich, sie ziehen in eine andere Stadt.«

»Oh! Stimmt ja. Man kann seine Telefonnummer ja mitnehmen«, grinste Kiel Atwell. »Aber wissen Sie, ich war heute morgen so stinksauer, daß ich einfach nicht mehr klar denken konnte.«

Sie alle sahen sich ein paar Sekunden lang an, dann stand Grandma auf. Sie nahm Pixys Notizen, blätterte sie durch und fand die Telefonnummer von Rathmore. »Wollen wir doch ein für allemal feststellen, was hier los ist«, sagte sie und wählte.

»Oh, hallo, bin ich mit Rathmore verbunden? Nein, nein, ich bin keine unausstehliche Vertreterin, Mrs. Rathmore. Ja, ich weiß. Ich bekomme diese ermüdenden Anrufe auch immer. Ja, ja, ganz genau. Sie haben recht. Immer muß man ans Telefon laufen, und dann ist es nur – Ja, ja, nein, es tut mir schrecklich leid, daß Ihre Tochter zu beschäftigt ist, ihre Mutter wenigstens einmal pro Woche anzurufen. Ja, sicher, sogar einmal im Monat wäre genug. Oh, sicher. Sie haben völlig recht. Nur an den Feiertagen, nein, das ist nicht genug. Aber wissen Sie, weshalb ich Sie anrufe – was? Von Ihrer Lieblingssendung weggeholt? Ach du liebe Güte, das tut mir aber leid. Jedenfalls hätte ich da eine Frage wegen Ihres Mannes. Es hat heute morgen schon jemand angerufen und nach dem Verstorbenen gefragt?«

Kiel Atwell war gegangen. Sophie Carlton tippte einen Brief, und Grandma und Pixy saßen hinter ihren Schreibtischen.

»Wer könnte der Mann sein, der sich Andrew Rathmore nennt?« fragte Pixy. »Und was hat er damit erreichen wollen, daß er zwei verschiedene Firmen damit beauftragte, Baumaterial auf dasselbe Grundstück zu liefern? Wer ist dieser Mann?«

»Auf jeden Fall ist es kein harmloser Teenagerstreich«, sagte Grandma. »Der Mann war schon älter. Ein freundlicher, respektabler Herr, von dem sowohl Johnny Lancaster als auch Kiel Atwell glaubten, er sei wirklich Andrew Rathmore. Das Motiv hinter dieser unangenehmen Geschichte muß also tiefer liegen. Es ist mehr als ein Jux, den jemand sich erlaubt hat.«

»Das ist mal sicher, Gran«, sagte Pixy, reckte die Arme und gähnte.

»Du solltest eben nicht ganze Nächte durchmachen«, schnüffelte Grandma.

»Und du mußt natürlich wieder mal alles darüber wissen, was?« sagte Pixy verärgert. Wieder gähnte er. »Ich wäre froh, du würdest dich nicht immer in mein Privatleben einmischen.«

»Welches Privatleben? Mein lieber Pixy, die ganze Nachbarschaft weiß von deiner Liebschaft mit dieser schreck-«

Pixy warf ihr einen warnenden Blick zu.

»Okay, okay, vielleicht hat Tiffy Bogman sich wirklich geändert. Und ich muß ja zugeben, daß sie ein hübsches kleines Ding ist.«

Pixy war ein bißchen besänftigt, aber Grandma fuhr fort:

»Aber da torkelst du Arm in Arm mit dem alten Bogman die Straße entlang – um drei Uhr morgens! – und ihr beiden habt euch das Herz aus dem Leibe gesungen. Meine Katzen hören sich besser an. Pixy, es war einfach schändlich.«

»Was?«

»Erinnerst du dich nicht? Meine Güte, Pixy. Du hattest deinen Hausschlüssel vergessen, und dieser Hal Ryan von nebenan hat es irgendwie geschafft, dein Wohnzimmerfenster aufzukriegen und dich reinzuhieven. Kannst du dich daran nicht erinnern?«

Pixy wand sich. Nein, er konnte sich an absolut nichts erinnern. Das letzte war, daß Tiffys Vater noch eine Flasche aufmachte. Er seufzte. Grandma seufzte ebenfalls. Diese Schande. Sie mußte diesem jungen Mann wirklich festere Zügel anlegen, damit er nicht völlig vor die Hunde ging.

Um halb drei hatten Grandma und Pixy sich endlich auf eine Strategie geeinigt. Sie zogen ihre Jacken an und gingen ins vordere Büro.

»Sophie«, sagte Pixy, »Gran und ich müssen jetzt weg. Wegen dem neuen Fall.«

»Ja«, fügte Grandma hinzu. »Es hat keinen Zweck, hier im Büro herumzusitzen. Du kannst dann wie üblich Feierabend machen.«

Sophie Carlton sah besorgt aus. »Es ist doch schon ziemlich spät. Kann die Arbeit nicht bis morgen warten?«

Pixy grinste nur, und seine Partnerin sagte: »Wir folgen der Spur, solange sie noch heiß ist.«

Ihre Sekretärin sah immer noch sorgenvoll aus. »Also ich bin auf jeden Fall froh, daß ich kein Privatdetektiv bin. Der Fall scheint ja schrecklich kompliziert zu sein. So viele verschiedene Leute sind darin verwickelt.«

»Kompliziert, das ja, aber wenigstens scheint er nicht sehr gefährlich zu sein. Pixy und ich werden als erstes feststellen, wer der Besitzer des Grundstücks in unserer Straße ist. Dann versuchen wir, die Verbindung zwischen diesem Besitzer und Lancaster und Atwell herzustellen. Oder zwischen dem Besitzer und dem verstorbenen Mr. Rathmore. Oder zwischen allen.« Grandma nahm ihre Handtasche von dem Regal an der Wand, und die beiden Detektive verließen das Büro.

Als erstes suchten sie das Grundstücksamt der Stadt auf, wo sie Namen und Adresse des Besitzers des Grundstücks in der Starbird Street erfuhren.

»Edward Reith«, sagte Grandma, als sie sich hinter das Steuer des schon etwas ältlichen Volkswagens klemmte. »Irgendwie kommt der Name mir ja bekannt vor, aber ich weiß nicht, wo genau ich ihn hinstecken soll.«

Pixy schnallte sich an, was er immer tat, wenn seine Partnerin mit dem Fahren an der Reihe war. Dann warf er einen Blick auf seine Notizen.

»Reith wohnt in der Marquince Street. Die geht irgendwo von der Alabama Street ab, glaube ich. Dürfte aber nicht schwer zu finden sein. Sie muß ziemlich dicht am Whatcom-See liegen.«

Er hatte recht. Sie fuhren die Alabama entlang und bogen ein paar Blocks vom See entfernt rechts ab. Die Marquince Street war eine relativ kurze Sackgasse, die gerade erst frisch asphaltiert worden war. Auf der einen Seite stand ein halbes Dutzend älterer Häuser, eines davon ein hübsches zweistöckiges Gebäude mit großen, alten Fenstern. Direkt gegenüber lag die Einfahrt zu einem großen Holzlagerplatz.

»Das gibt es doch nicht«, rief Pixy. »Wenn das nicht schon wieder ein verdammter –«

»Leise, Pixy. Aus dem Haus kommen Leute.«

Eine junge Frau in einer Art Schwesternuniform stellte sich auf die Zehenspitzen und küßte einen großen Mann mit Glatze und

Spitzbart auf die Wange. Dann stieg sie in ein kleines, rotes Sportauto und fuhr davon. Der Mann kam quer über die Straße und beugte sich zu Grandmas heruntergekurbeltem Fenster.

»Kann ich Ihnen helfen?« fragte er mit angenehm tiefer Stimme. »Haben Sie sich verfahren?«

»Wenn eines dieser Häuser einem gewissen Edward Reith gehört, dann sind wir hier ganz richtig«, lächelte Grandma.

»In diesem Fall möchte ich mich vorstellen. Ich bin Edward – Ted – Reith.«

Die Detektive stiegen aus ihrem kleinen Auto. »Dann sind Sie also der Besitzer des Grundstücks in der Starbird Street?« fragte Pixy.

»Ich habe ein Grundstück in der Starbird Street, stimmt. Und weshalb wollen Sie mich sprechen?«

Die Detektive erklärten, daß sie irgendwann seine Nachbarn sein würden, und was für eine hübsche, freundliche Gegend er sich für sein neues Haus ausgesucht hatte. Und schließlich erzählten sie ihm dann auch von den beiden Holzhandlungen, denen irgendein Strolch einen Streich gespielt hatte.

Holzhandlungen? Was für Holzhandlungen? Für Bauholz und Baumaterialien? Ted Reith würde nächsten Freitag sein eigenes Holz aus seiner eigenen Firma anliefern lassen.

»Es ist wohl am besten, ich fahre sofort hin und sehe mir die Sache an«, sagte er, aber Grandma und Pixy informierten ihn, daß es zu spät sei. Die beiden Sattelschlepper mit ihrer Ladung waren schon längst wieder fort.

Und dann sahen sie einen weißen Transporter der örtlichen Fernsehstation in die Marquince Street einbiegen. Grandma packte ihren jungen Partner am Arm, und sie liefen zu ihrem Volkswagen zurück. Vor allem in solchen Augenblicken erwies sich das kleine unauffällige Fahrzeug von großem Nutzen für die Detektive.

»Bin ich vielleicht froh, daß wir den neuen Motor haben einbauen lassen«, lachte Pixy, als er elegant an dem Fernsehwagen vorbeikurvte und so tat, als gingen die mißtrauischen Blicke der Presseleute ihn überhaupt nichts an. »Aber Glück haben wir ja keins gehabt«, fügte er hinzu, als sie über die Alabama Street zurückfuhren. »Ted Reith scheint eine weiße Weste zu haben.«

»*Scheint*, Pixy. Aber was für einen Grund könnte er schließlich dafür haben, seine eigene Holzfirma lächerlich zu machen?«

»Besuchen wir jetzt die alte Mrs. Rathmore? Oder fahren wir ins Büro zurück und verschieben den Besuch auf morgen?«

Grandma zuckte die Schultern. »Eigentlich könnten wir auch gleich hinfahren und die Sache hinter uns bringen. Weißt du, sie gehört zu den Leuten, die über alles und jedes zu jammern und zu nörgeln haben. Du hättest sie heute morgen am Telefon hören sollen. Nichts als Gejammer und Wehklagen. Und dabei kennt sie mich doch nicht einmal.«

Pixy lachte. »Ich habe ja deinen Teil der Unterhaltung gehört, und das hat mir gereicht. Ich muß sagen, daß es ganz schön komisch war. Also gut, besuchen wir die alte Dame. Sie wohnt ja nur ein paar Block weiter in der Carolina Street. Die Nummer steht irgendwo in meinem Notizbuch.«

Mrs. Rathmore lebte in einem blauangestrichenen Haus mit weißen Fenster- und Türeinfassungen. Es lag ein gutes Stück von der Straße ab und war von einer hohen Hecke umgeben. Zu beiden Seiten des Weges, der zur Haustür führte, lag ein wunderschöner Steingarten. Grandma war denn auch sichtlich beeindruckt, aber Pixy marschierte unverzüglich die sechs Treppenstufen hoch und klingelte. Nichts passierte. Wieder drückte er auf den Klingelknopf, und schließlich hörten sie ein Geräusch hinter der Tür, eine Art Klopfen, als sei jemand dagegen gefallen. Es dauerte noch eine Minute, bis die Tür endlich geöffnet wurde, und dann erkannten die Detektive den Grund für die Verzögerung. Die Frau, eine große, schwere Person, saß nämlich in einem Rollstuhl. Und jetzt konnte Grandma auch verstehen, weshalb sie über den Anruf am Morgen so verärgert gewesen war.

»Hallo«, sagte Grandma. »Sind Sie die Dame, mit der ich heute morgen telefoniert habe? Ich komme von der Ermittlungsagentur Smith und Pixley. Ich bin Smith, und dieser junge Herr hier ist Mr. Pixley.«

»Ich weiß zwar nicht, was Sie von mir wollen, aber treten Sie ein – und schließen Sie bitte die Tür hinter sich.« Damit wirbelte Mrs. Rathmore in ihrem Rollstuhl herum und fuhr durch eine überbreite Tür, die rechts vom Flur abging.

Pixy setzte sich auf einen geradlehnigen Stuhl am Fenster, Grandma ließ sich auf einem durchgesessenen, zweisitzigen Sofa nieder und stellte ihre übergroße Handtasche neben ihren Füßen ab.

»Können Sie uns vielleicht sagen, Mrs. Rathmore«, sagte sie, »ob Ihr Mann einen Herrn namens Edward Reith kannte?«

»Meinen Sie Ted Reith, den Sägemühlenbesitzer?« Mrs. Rathmore sah überrascht aus. »Den kennt doch jeder. Irgendwann mal hat er für das Bürgermeisteramt kandidiert. Er machte eigentlich einen sympathischen Eindruck, hat aber trotzdem verloren. Sie müssen ihn doch auch im Fernsehen gesehen haben.«

Die Detektive sahen einander an. Daher kannte Grandma Reiths Namen also. Aber die ganze Sache mußte schon sehr lange her sein.

»Kannte Ihr Mann ihn persönlich?« fragte Grandma.

»Nein, das glaube ich nicht. Zumindest erinnere ich mich nicht.« Eine Weile dachte Mrs. Rathmore nach. »Nein, wenn Andy ihn persönlich gekannt hätte, hätte er es mir sicher erzählt.« Die alte Dame warf einen Blick auf ein Foto, das in einem silbernen Rahmen auf dem Kaminsims stand. Auch Grandma und Pixy sahen sich das Foto an. Andrew Rathmore war ein dünner, fast kahler Mann gewesen – wenn er es war, den das Foto zeigte. Mrs. Rathmore wischte sich eine Träne aus dem Augenwinkel. »Mein Andy war vielleicht nicht gerade ein Bild von einem Mann, aber er war ein guter Mann. Nie hat er auch nur einen einzigen bösen Gedanken gehabt.«

»Hatte er vielleicht etwas mit Holz zu tun?« fragte Pixy.

Die alte Dame schüttelte den Kopf. »Nein, er war in der Schuhbranche. Wir hatten einen kleinen Laden in der Ellis Street, bis er sich dann aus dem Geschäft zurückgezogen hat.« Sie versuchte ihr Bestes, nicht auf Grandmas ausgeleierte und zerfranste Turnschuhe zu starren, und Pixy wurde vor Verlegenheit rot, weil seine Partnerin schon wieder diese scheußlichen, blaugrauen Dinger trug. Einer hatte sogar ein Loch am großen Zeh. Wie konnte man nur zu dem eleganten, grünlichen Tweedkostüm und dem wunderschön gelegten, silbrigen Haar solche entsetzlichen Latschen anziehen. Es ging einfach nicht in seinen Kopf. Deshalb sah Pixy sich noch einmal das Foto an und fragte: »Hat Mr. Rathmore je einen Johnny Lancaster oder einen Kiel Atwell erwähnt?«

»Nein«, sagte die alte Dame im Rollstuhl. »Nein, ich kann mich nicht erinnern, daß er diese beiden Namen je genannt hätte. Wer sind die beiden denn? Oder überhaupt, weshalb sind auf einmal alle Leute so an meinem armen Andy interessiert? Im letzten März waren es immerhin schon zwei Jahre, daß er zu seinem Schöpfer gegangen ist.« Sie zog ein kleines Spitzentaschentuch aus ihrem Ärmel und betupfte sich damit die Augen. Die beiden Detektive fühlten sich sehr elend.

Als Mrs. Rathmore sich wieder gefangen hatte, sagte Grandma: »Machen Sie sich jedenfalls keine Sorgen, meine Liebe. Es ist nichts. Es hat nur irgendeine Verwechslung mit Namen gegeben, und wir versuchen nun, das Durcheinander aufzulösen. Oh, Pixy, sieh dir nur all die schönen Pflanzen in Mrs. Rathmores Garten an!« Sie lief voller Bewunderung zum Fenster und versuchte, die alte Dame mit Lob aufzumuntern. Und es klappte, denn Mrs. Rathmore lächelte.

»Nicht wahr, die Blumen sind herrlich. Ich sitze sehr oft hier und bewundere meinen Garten. Ab und zu kommt ein lieber alter Freund vorbei, der einfach Wunder vollbringt.«

Es fing langsam an, dunkel zu werden, als sie in die Starbird Street einbogen.

»Ich glaube, ich sehe jetzt besser mal nach, ob Tiffy immer noch sauer auf mich ist«, sagte Pixy. »Und ich bin gespannt, wie es ihrem Vater heute geht.«

»Ist das nur wieder eine Entschuldigung für ein weiteres Saufgelage?« fragte Grandma mißtrauisch, als sie den Volkswagen in Pixys Auffahrt abstellte. Pixy hatte schon eine bissige Antwort auf der Zunge, aber er beherrschte sich und wartete, bis seine Partnerin sich hinter dem Steuer hervorgeschoben hatte. Immer noch versuchte er, sich daran zu erinnern, was letzte Nacht passiert war, aber es hatte keinen Zweck. Sein Kopf war wie leergefegt. Er hätte auf Grandma hören sollen. Das Trinken bekam ihm einfach nicht mehr.

»Komm doch mit zu mir, Pixy«, sagte Grandma. »Ich mache uns beiden einen schönen Kakao und Käsetoast.« Freundlich sah sie ihren jungen Partner an, als sie die Zweige der Geißblatthecke auseinanderschob, die die beiden Grundstücke voneinander trennte. Pixy dachte an sein Spülbecken mit dem schmutzigen Geschirr, zuckte die Schultern und folgte seiner Nachbarin. Im Grunde seines Herzens hatte er Grandma ja wirklich gern, aber das konnte er sich nach ihrer Bemerkung über seinen Alkoholkonsum nun wirklich nicht anmerken lassen.

»Ich rufe einfach später bei den Bogmans an, Gran.«

»Tu das, Pixy. Tu das.«

Sie saßen in Grandmas großer, gemütlicher Küche am Tisch und sahen sich auf dem kleinen, tragbaren Schwarzweißfernseher die Abendnachrichten an.

»Als nächstes müßte Sport und der Wetterbericht kommen«, sagte Grandma. »Gott sei Dank, daß sie nichts über die Holzsache gebracht – Oh, verdammt!«

Auf dem kleinen Bildschirm sahen sie Johnny Lancaster und Kiel Atwell, die sich einander gegenüberstanden, mit den Armen gestikulierten und die Köpfe gesenkt hielten wie zwei Kampfhähne, die sich jeden Augenblick aufeinanderstürzen wollen.

Dann schwenkte die Kamera langsam über die teilweise abgeladenen Holzmassen. Im Hintergrund erkannten Grandma und Pixy einen Teil ihrer Nachbarn.

»Viel haben die Fernsehleute ja nicht verpaßt, was? Die müssen unheimlich schnell gewesen sein«, sagte Grandma. Dann richtete sie sich hoch auf und rief: »Hast du das gesehen, Pixy? Hast du diese ungezogenen Katzen Fluffy und Louise mitten auf der Straße gesehen? Sie wissen doch genau, daß sie auf der Straße nichts zu suchen haben!«

So empört war Grandma, daß sie Ted Reith fast verpaßt hätte, und hörte nur den Schluß von dem, was er sagte.

». . . aus anderer Hand besorgen, wenn ich selbst eine Holzfirma habe? Jeder weiß doch, daß meine Firma nur allerbeste Qualität liefert. Also warum sollte ich –« Der glatzköpfige Mann war den Tränen nahe.

Sophie Carlton hatte den Kaffee fast fertig, als die beiden Detektive am nächsten Morgen ins Büro kamen.

»Na, macht der Fall Fortschritte?« fragte sie und holte die Kaffeesahne hervor.

»Keine sehr großen«, seufzte Grandma. »Hoffentlich haben wir heute mehr Glück als gestern.«

Pixy sagte nichts. Er war schlecht gelaunt. Letzte Nacht war er in seinem Lieblingssessel eingeschlafen. Eigentlich hatte er sich nur hingesetzt, um sich eine Entschuldigung für sein entsetzliches Benehmen in der vorigen Nacht auszudenken, die Tiffy Bogman akzeptieren würde. Aber es war ein langer Tag gewesen, er war einfach eingeschlafen und erst wieder aufgewacht, als es für einen Anruf schon zu spät war. Und dann – er hätte sich am liebsten selbst geohrfeigt – hatte er heute morgen auch noch verschlafen. Und als er dann endlich versuchen wollte, bei den Bogmans anzurufen, hatte Grandma draußen schon ungeduldig auf die Hupe gedrückt und ihn zur Eile gedrängt, und jetzt war es zu spät. Tiffy war schon zur Arbeit gegangen, und ihrem Vater hatte er im Grunde genommen nichts zu sagen. Also lag jetzt ein ganzer, langer Tag vor ihm, voller Ungewißheit, ob sie immer noch böse auf ihn war oder nicht. Pixy sank verzweifelt auf den Stuhl hinter seinem Schreibtisch.

Grandma kam mit zwei dampfendheißen Tassen ins Büro und schob mit der Hüfte die Tür hinter sich zu.

»Das wird dich wachmachen, Pixy«, sagte sie. Pixy nahm sich eine Tasse, trank einen großen Schluck und fluchte entsetzlich. Eine verbrannte Zunge hatte ihm gerade noch zu seinem Glück gefehlt.

»Hör sofort damit auf«, schimpfte seine Partnerin. »Ich habe jetzt wirklich genug von deiner miesen Laune. Wir haben einen Fall zu bearbeiten, falls du dich nicht mehr erinnern solltest, oder besser gesagt, zwei sogar. Wir haben zwei Klienten – zahlende Klienten – und du weißt genau, daß wir das Geld dringend nötig haben. Nächste Woche ist die Miete schon wieder fällig.«

Pixy tat sein Benehmen zwar leid, aber das würde er sie auf keinen Fall wissen lassen. Er hatte auch seinen Stolz. Später vielleicht. Jetzt schnappte er sich nur wortlos Papier und Bleistift.

»Wir müssen die Verbindung zwischen allen Betroffenen finden«, sagte er. »Wie es bis jetzt aussieht, scheint es jedoch keine zu geben. Johnny Lancaster und Kiel Atwell sind die Opfer. Ted Reith ist der Besitzer des Grundstücks in der Starbird Street, und auch er ist in gewisser Weise lächerlich gemacht worden. Alle drei Männer sind Besitzer kleiner Holzfirmen. Das ist das einzige, was sie gemeinsam haben. Und das muß die Verbindung sein. Aber bisher können wir noch absolut nichts beweisen.« Sehr vorsichtig nahm Pixy einen weiteren Schluck Kaffee und fuhr fort:

»Andrew Rathmore, der angebliche Verursacher des ganzen Durcheinanders, ist tot. Wir müssen folglich den Verrückten finden, der sich als Andrew Rathmore ausgegeben hat.«

»Wenigstens hat der Fall nichts mit Mord zu tun, oder mit etwas ähnlich Schrecklichem. Wir müssen nur einen Witzbold finden, wenn auch einen ziemlich rücksichtslosen.«

»Und wenn wir ihn gefunden haben, verstecken wir ihn besser, wenigstens vor Kiel Atwell. Ich habe das Gefühl, daß er unserem

Unruhestifter liebend gerne ein paar Knochen brechen würde. So ungefähr hat er das doch angedeutet. Außerdem haben wir noch Rathmores Witwe, eine verkrüppelte alte Dame, auf unserer Liste, und –«

»– und ich habe das dumme Gefühl, daß wir ihr nicht die richtigen Fragen gestellt haben.«

»Was für richtige Fragen, Grandma? Mrs. Rathmore kannte keinen der Namen, die wir erwähnt haben, bis auf den von Ted Reith, und selbst ihn kannte sie nicht persönlich. Außerdem ist sie ziemlich sicher, daß auch ihr Mann keinen der drei Holzhändler kannte. Und Ted Reith hat erst durch uns von der ganzen Sache erfahren.«

»Vielleicht haben sie gelogen.«

»Ich glaube nicht, daß die alte Mrs. Rathmore lügen würde. Nein, sie klang eigentlich sehr offen und ehrlich. Aber vielleicht hat Reith nicht die Wahrheit gesagt. Das ganze Drama spielte sich auf seinem Grundstück ab, und er hatte keine Ahnung davon?«

»Vielleicht haben sie alle gelogen, Pixy. Aber warum dann uns engagieren? Uns Geld zahlen? Nein, wir haben irgend etwas übersehen.« Grandma stand auf, nahm eine halbvolle Gießkanne vom obersten Brett des Aktenregals und fing an, die Topfpflanzen am Fenster zu gießen.

»Ich denke wirklich, als erstes sollten wir Mrs. Rathmore noch ein paar Fragen stellen. Noch mehr über ihren Mann erfahren. Zum Beispiel fragen, ob er einen alten Freund hatte, der im Kopf nicht hundertprozentig richtig ist. Irgend jemand hat sich als Andrew Rathmore ausgegeben, und dieser Jemand muß ihn ziemlich gut gekannt haben. Ein alter Freund –«

»– der ab und zu vorbeikommt und im Garten Wunder vollbringt«, rief Pixy.

Grandma sah ihn überrascht an. »Weißt du was, Pixy, du könntest recht haben. Warum haben wir bloß nicht daran gedacht zu fragen, wie dieser alte Freund heißt?«

»Ich rufe sie einfach an, dann werden wir es ja wissen«, sagte Pixy. »Oder sollen wir lieber hinfahren?«

»Tu mir einen Gefallen und fahr alleine hin, um sie zu fragen. Ich bringe es einfach nicht übers Herz, das arme Ding noch einmal zu belästigen. Und wenn nichts dabei herauskommt, reden wir noch einmal mit Ted Reith.«

»Übrigens, Gran, da fällt mir etwas ein. Erinnerst du dich noch an die hübsche junge Dame, die ihn zum Abschied geküßt hat?«

»Natürlich. Weshalb? Es könnte seine Tochter gewesen sein. Oder vielleicht sogar seine Frau. Könnte sogar irgendein Weibsstück sein, das alle Männer kennt, die in diesen Fall verwickelt sind. Aber da sie eine Frau ist, kann sie es nicht gewesen sein. Ich meine, die Person, die sich als Andrew Rathmore ausgegeben hat.«

Grandma und Sophie Carlton standen am Fenster des hinteren Büros, tranken Kaffee und bewunderten die Topfpflanzen auf dem Fensterbrett, als Pixy von seinem Besuch bei der alten Mrs. Rathmore zurückkam. Er hängte sein Jackett über die Lehne seines Drehstuhls, setzte sich hin und legte den Kopf in die Hände.

»Bist du krank, Pixy?« fragte Sophie Carlton mit besorgter Stimme.

»Auf jeden Fall siehst du nicht sehr glücklich aus«, sagte Grandma düster. »Was für schreckliche Dinge hast du denn bei Mrs. Rathmore erfahren? War der ›Freund‹ jemand, den wir kennen?«

»Ja, Bogman.«

»Bogman!« rief Grandma verblüfft. »Unser Nachbar Bogman?«

»Ganz genau. Tiffys Vater«, sagte Pixy dumpf.

»Aber er kann es nicht sein! Bogman ist nicht *so* verrückt! Und warum überhaupt?« Grandma setzte sich an ihren Schreibtisch. »Ich meine, was für ein Motiv kann Bogman für so einen gemeinen Streich haben? Hat er einen Grund, etwas gegen Ted Reith zu haben? Oder gegen Lancaster oder Atwell? Oder hat das Saufen ihm das Gehirn so vernebelt? *Ich* hatte ja sowieso den Eindruck, daß er in letzter Zeit mehr als merkwürdig geworden ist.«

Pixy stützte die Ellbogen auf den Schreibtisch und lehnte das Kinn in die Hände. Dann sagte er mit sehr leiser Stimme: »Auf dem Rückweg bin ich bei Bogman vorbeigefahren. Ich wollte allein mit ihm sprechen. Wo Tiffy doch seine Tochter ist, und so.« Er stieß einen tiefen Seufzer aus. »Ich habe nicht gewußt, daß er für Ted Reith gearbeitet hat. Es ist einfach nie erwähnt worden.«

»Ted Reith? Bogman hat für Reiths Holzfirma gearbeitet?«

»Ja, und ich fühle mich einfach schrecklich.«

»Das kann ich gut verstehen, Pixy. Ich bin ja selbst schockiert, obwohl ich den Mann noch nie ausstehen konnte.« Fast hätte sie hinzugefügt: »und diese schnippische Tochter auch nicht.« Löblicherweise tat sie es nicht. »Komm schon, Pixy, erzähl uns die ganze Geschichte.«

Also lehnte Pixy sich zurück und erzählte die ganze, bizarre Geschichte, so wie Bogman sie ihm erzählt hatte.

Bogman hatte es gehaßt – unheimlich gehaßt –, daß er aufgrund innerbetrieblicher Bestimmungen im frühen Alter von fünfundsechzig Jahren aus der Holzfirma ausscheiden sollte, für die er über zwanzig Jahre lang gearbeitet hatte. Er hatte Ted Reith angebettelt, ihn doch noch ein oder zwei Jahre länger zu behalten, wenigstens so lange, bis er sein Haus ganz abbezahlt hatte. Aber sein Chef hatte nur den Kopf geschüttelt und von einem neuen Lebensabschnitt geredet, hatte davon gefaselt, daß man seine goldenen Jahre, den Herbst seines Lebens, genießen müsse.

Und Bogman, ein ruhiger, unauffälliger Mann, hatte angefangen zu brüten. Je mehr er über seine leere Zukunft nachdachte, desto deprimierter wurde er. Er ließ sich einen Bart wachsen und redete sich immer mehr ein, daß er *alt* war. Alt!

Und eines Tages, vor ein paar Wochen, hatte er bei seinem üblichen Abendspaziergang erfahren, daß das neue Haus, das in seiner Straße gebaut werden sollte, in dieser ruhigen, freundlichen Straße, das neue Haus seines Chefs werden würde. Und Bogman hatte rot gesehen. Es war einfach zu unfair – er konnte nicht mehr klar denken. Er, der schwer arbeitende und immer fleißige Bogman würde nicht in der Lage sein, die Raten für sein kleines Häuschen zu tragen, und diese Kröte, dieses widerliche *Reptil*, würde im protzigsten Haus in der ganzen Straße wohnen.

Bogman war in den Spirituosenladen gegangen und hatte sich eine Literflasche weißen Rum gekauft. War nach Hause gegangen, hatte fast die ganze Flasche leergetrunken und sich einen fantastischen Racheplan ausgedacht. Er würde den großen Boss zum Gelächter der ganzen Stadt machen, seiner geheiligten Firma einen schlechten Ruf verschaffen, und vielleicht würde die Stadt sogar denken, daß der Besitzer dieser großartigen Baumaterialhandlung seinem eigenen Kram nicht über den Weg traute und das Holz für sein eigenes Haus lieber woanders bestellte.

Am nächsten Tag hatte er seinen besten Anzug angezogen, sich den Namen seines toten Freundes zugelegt, und war zu einer Konkurrenzfirma gegangen, um das Material für ein Siebenhundert-

Quadratmeter-Haus im Ranchstil zu bestellen. Eigentlich hatte er gar nicht richtig damit gerechnet, daß sein Plan funktionieren würde. Bestimmt prüften die Firmen doch nach, wem das Grundstück gehörte, und bestimmt kam es denen dann merkwürdig vor, daß der Besitzer einer Bauholzfirma sein Material bei der Konkurrenz bestellte. Aber dann hatte alles besser geklappt, als er es sich vorgestellt hatte. Er war wohl ein guter Schauspieler gewesen, und der Mann, Johnny Lancaster, war auf das Geschäft so versessen gewesen, daß es fast zum Lachen war. Und später, ja, es war am selben Tag, war Bogman zu einer zweiten Firma gegangen und hatte eine zweite Fuhre Bauholz bestellt, und den Rest kannten sie ja.

»Vielleicht sollten wir doch noch einmal zu Ted Reith fahren. Ich hoffe, daß er sich inzwischen ein bißchen abgeregt hat. Letzte Nacht, als die Fernsehleute ihn interviewt haben, sah er ja furchtbar bekümmert aus. Ach ja«, seufzte Grandma, »die ganze Sache ist doch ziemlich traurig, auch wenn wir natürlich froh sein können, daß wir den Fall gelöst haben. Wenn ich an all den Ärger und die Peinlichkeiten denke, die der alte Bogman verursacht hat! Wenn er doch nur kein so pathetischer kleiner Mann wäre!« Sie fügte nicht hinzu, daß auch ihr junger Partner ihr leid tat. Wenn Pixy diese schnippische Tochter des alten Trunkenbolds nun heiraten würde! Ach du lieber Gott!

Die Detektive schlossen ihr Büro zur üblichen Zeit ab, aßen in einem kleinen Restaurant zu Abend und fuhren in die Marquince Street, wo sie vor dem Haus von Ted Reith anhielten.

Ted Reith war draußen auf dem Rasen und brachte einem kleinen Hund bei, auf Befehl zu sitzen und sitzenzubleiben. Wie konnte ein Mensch, der mit einem kleinen Hündchen so geduldig war, bloß so herzlos zu seinem Angestellten sein?

»Ah, hallo«, rief Ted Reith, der gar nicht mehr sehr bekümmert aussah. Er nahm den Hund auf den Arm und kam zum Volkswagen der beiden Detektive. »Ich bin sehr erleichtert«, sagte er, »daß sich alles aufgeklärt hat.« Und er kitzelte den kleinen Hund unter dem Kinn, und Grandma nahm liebevoll eine kleine Pfote in ihre Hand.

»Sie sollten zu Menschen auch so nett sein«, sagte Grandma. »Vor allem zu älteren Menschen wie Bogman.«

Ted Reith setzte den Hund auf die Erde. »Es war also Bogman«, sagte er. »Aber wieso Bogman? Er arbeitete doch gar nicht mehr bei mir. Haben Sie gestern abend die Nachrichten gesehen? Er hat mich zum Gespött der ganzen Stadt gemacht. Und auch meine Konkurrenten hat er wie zwei Vollidioten aussehen lassen – was sie natürlich sind. Aber ich, der Besitzer von Reith-Baumaterialien, bin wirklich –«

»Sie müssen doch zugeben«, unterbrach Pixy ihn, »daß es nicht gerade sehr nett war, den alten Bogman rauszuwerfen, bloß weil er fünfundsechzig ist.«

»Ja«, spöttelte Grandma. »Firmenpolitik! In unserem Büro gibt es so etwas nicht.«

Ted Reith sah von einem zum anderen.

»Es scheint da ein paar Dinge zu geben, die Sie nicht über Bogman wissen«, sagte er. Er kratzte sich die Nase und sah dann auf seine Schuhe hinab. »Die traurige Wahrheit ist, daß Bogman schon seit mehreren Jahren kein verläßlicher Arbeiter mehr war. Er hätte sein Haus schon längst abbezahlt haben können, wenn er nicht soviel trinken würde. Wir haben ihn mehr oder weniger bis zum Rentenalter durchgeschleppt, wenn Sie wissen, was ich meine. Es gab mehr als genug Gründe, ihn schon lange vorher zu entlassen.«

Zwei Wochen später – sie hatten gerade einen ganz besonders unangenehmen Betrugsfall aufgeklärt und an Johnny Lancasters Hochzeit teilgenommen – arbeiteten Grandma und Pixy in ihren Gärten und brachten alles wieder auf Vordermann. Sie standen beide auf Trittleitern und stutzten, jeder auf seiner Seite, die Geißblatthecke zurecht.

»Die Bogmans«, sagte Grandma, »sind aus ihrem Haus ausgezogen. Traurig, aber so ist das nun einmal. Dabei kann Bogman noch von Glück reden, daß die Anklage gegen ihn fallengelassen wurde. Das war wirklich sehr nett von Lancaster und Atwell.«

»Aber es hat ganz schön viel Mut erfordert«, sagte Pixy, »sich in aller Öffentlichkeit im Fernsehen zu entschuldigen. Und schließlich haben die Holzfirmen, alle drei, dadurch eine Menge kostenloser Werbung bekommen.« Pixy stieg von der Leiter herunter und setzte sich auf einen der unteren Tritte.

Auch Grandma war mit ihrer Seite fertig. Sie kam durch die Hecke in den Garten ihres Nachbarn und setzte sich auf einen Gartenstuhl.

»Ende gut, alles gut«, sagte sie. »Wir haben sogar ganz schön an diesem dummen Fall verdient. Es war richtig süß von den drei Firmen, die Kosten gemeinsam zu übernehmen. Und Ted Reith wird sicherlich ein guter Nachbar werden. Übrigens, Pixy, war die kleine Brünette, mit der ich dich gestern in der Stadt gesehen habe, deine neue Freundin?«

Ihr Partner strahlte. »Das war Elizabeth. Elizabeth Reith.«

»Laß mich raten«, lachte Grandma. »Sie ist die Tochter unseres zukünftigen Nachbarn, nicht wahr?«

»Du hast wie immer recht. Ja, sie ist die Tochter von Ted Reith.«

Originaltitel: LOG JAM 4/84
Übersetzt von Brigitte Walitzek

W. Glenn Duncan

Wally der Dummkopf

Es begann in der Nacht, in der die Spinnen Wally den Dummkopf aus seinem Haus vertrieben.

Es war natürlich keineswegs dumm, daß er vor ihnen davonlief. Eine Sydneyer Trichternetzspinne ist das tödlichste Krabbeltier, das einen Insektenhasser je in die Arme des Alkohols getrieben hat. Dreißig Minuten nach dem Biß fängt man zu sterben an, und ohne Behandlung braucht man dazu nicht sehr lange. Der Sydneyer Teil des Namens kommt von dem einzigen Landstrich, in dem diese niedlichen Spinnen bekanntermaßen existieren – nämlich in dem etwa hundert Meilen langen Küstenstreifen Australiens, in dessen Mitte die größte Stadt des Kontinents liegt. Die Sydneyer Trichternetzspinne ist braunschwarz, etwa vier Zentimeter lang und hat die größten Giftzähne, die Sie je gesehen haben. Laut Meinung von Experten können die kleinen Biester diese Fänge sogar durch einen Fingernagel treiben.

Ich persönlich weiß nicht, ob das tatsächlich stimmt, weil ich nämlich aus Prinzip einen riesigen Bogen um die Tierchen mache und es auf keinen Versuch ankommen lasse. Die meisten anderen Leute tun dasselbe, und in jeder Spinnensaison werden die Kammerjäger noch reicher als sie sowieso schon sind. Jeder, einfach JEDER, läßt sein Haus aussprühen. Bis auf Wally den Dummkopf.

Es war schon nach Mitternacht, als Wally an meine Tür hämmerte. Über seiner Schulter hing ein Schlafsack, in der Hand hielt er eine kleine Reisetasche, und auf dem langen Pferdegesicht lag ein schafsähnlicher Ausdruck. »Hm, Alex«, sagte er. »Äh, könnte ich vielleicht bei dir schlafen?«

Wenn man Wally so lange kennt wie ich, fragt man nicht nach Gründen. Ich ließ ihn also rein, zeigte auf das ausklappbare Sofa und versuchte, mich zurück in mein Bett zu flüchten. Es klappte natürlich nicht.

»Du wirst nicht glauben, was mir heute nacht passiert ist«, sagte Wally.

Fast hätte ich darauf geantwortet, daß ich so gut wie nichts von dem glaubte, was ihm immer passierte, aber ich konnte mich gerade noch beherrschen. Wally ist schlicht und einfach völlig unempfänglich für Sarkasmus, und das einzige, was man davon hat, ist, daß man in ausschweifende Erklärungen verstrickt wird. Je mehr man sagt, desto vertrottelter klingt es, und Wally sitzt da, runzelt die Stirn und nickt feierlich mit dem Kopf. Man kommt sich dabei vor wie ein Vollidiot.

Wally nahm also die Kissen von meinem Klappsofa und breitete seinen Schlafsack darauf aus. Ich lehnte mich währenddessen an die Wand, wartete auf eine detaillierte Schilderung seiner neuen Eskapade und erinnerte mich daran zurück, wie Wally das erste Mal in meinem Leben aufgetaucht war.

Wally ist der dritte Cousin um zwei Ecken herum, oder so ähnlich, von Celia McKenzie, meiner Partnerin bei Farrell und McKenzie, Sicherheitsberatung und Privatdetektei. Ich bin Farrell.

Celia und ich lernten uns kennen, als ich mein kleines Büro in Bondi gerade einen Monat bezogen hatte. Das war vor fünf Jahren. Nachdem Celia und ich ein paar Monate mit gemischten Ergebnissen miteinander ausgegangen waren, stellten wir fest, daß wir ein lausiges Liebespaar abgaben, aber prima Freunde. Als Celia dann die Stelle bei der Polizei von Neu-Süd-Wales nicht bekam, ergab es sich ganz selbstverständlich, daß wir uns arbeitsmäßig zusammentaten. Wir machten ein bißchen Scheidungskram – Gott sei Dank nicht mehr sehr viel –, übernehmen Firmenüberwachungen und Beobachtungen, und Celia baut langsam aber sicher einen Beratungsdienst für Geschäfte und Privatleute auf, die sich gegen Einbruch sichern möchten. Wir kommen ganz gut zurecht. Wir werden zwar nicht reich damit, aber uns beiden langt es.

Wally stolperte vor etwa zwei Jahren in unser Leben. Als er in Sydney auftauchte, kam er frisch von der Farm. Eines schönen Tages spazierte er einfach so in unser Büro, ein langer, schlaksiger Zwanzigjähriger mit einem schnellen, schüchternen Lächeln und einer dichten weizengelben Haarmähne.

Celia nahm ihn unter ihre Fittiche, und wir beschlossen, Wally ein minimales Gehalt dafür zu zahlen, daß er das Büro sauberhielt und kleine Gelegenheitsarbeiten erledigte. Mir stellte er sich feierlich als Walter Theodor Dumbarton vor. Zehn Tage später wurde dieser Name in Wally der Dummkopf abgewandelt. Celia hatte ihm aufgetragen, den Materialschrank aufzuräumen und ihm eines dieser Geräte gegeben, mit denen man Worte auf Klebeband drucken kann. In der Woche davor war bei uns eine teure Kamera verschwunden, und es sah nicht so aus, als würde sie jemals wieder auftauchen, und deshalb sollte Wally unser gesamtes Inventar kennzeichnen.

Er verbrachte zwei ganze Stunden damit und klickte eifrig mit dem Druckgerät vor sich hin, und dann zeigte er uns stolz, was er geleistet hatte. O ja, er hatte jedes einzelne Stück gekennzeichnet, aber statt den Firmennamen auf allen Gegenständen anzubringen, hatte Wally Celias Anweisung zu wörtlich genommen. Auf jeder Kamera stand schön säuberlich: Kamera. Andere Gegenstände waren ganz korrekt mit Kassettenrecorder, Sicherheitsschloß und Locher bezeichnet. Ein ungeöffnetes Paket mit Fotokopierpapier trug die Aufschrift: Papier.

Wally der Dummkopf macht immer noch das Büro sauber, aber das ist auch alles. Er hat strikte Anweisung, nichts, aber auch gar nichts zu berühren. Abgesehen natürlich von den Papierkörben.

Wally hatte sein Bett inzwischen gemacht und erzählte mir die Sache mit den Spinnen. Er sagte, er hätte sich gedacht, daß er die hundert Dollar nötiger brauchte als der Kammerjäger und genausogut sprühen konnte wie dieser. Noch mehr Geld konnte er sparen, hatte er sich überlegt, wenn er nur den Rasen einsprühte. Eine geballte Ladung Spinnenkiller auf dem Rasen um das Haus herum, argumentierte er, würde sicherlich eine unüberwindliche Barriere für die Biester darstellen, die es vielleicht auf sein gemietetes Häuschen abgesehen hatten.

Wally erzählte mir, wie er einen Eimer des giftigsten Insektenmittels auf dem Markt gekauft, ein Spritzgerät ausgeliehen und den Rasen in Spinnenkiller ertränkt hatte. Es war fast dunkel, als er endlich mit der Arbeit fertig war. Nach einem schnellen Abendessen und ein bißchen Fernsehen ging er früh ins Bett. Aber als er mitten in der Nacht aufwachte und halb im Schlaf ins Badezimmer schlurfte, traf er unterwegs vier Spinnen und fand im Bad eine weitere vor.

Wally hatte die Trichternetzspinnen von seinem Rasen vertrieben, das ja. Bloß hatten sie in seinem ungesprühten Haus Schutz gesucht.

»Ich bin ins Schlafzimmer zurückgerannt und aufs Bett gesprungen«, sagte er. »Mann, die Dinger waren überall. Hab ich vielleicht eine Angst bekommen. Ich habe nur schnell ein paar Sachen aus dem Schrank geholt und bin so schnell es ging weggelaufen.« Er schauderte und kratzte sich die Stelle an seinem Hinterkopf, auf der immer ein vorwitziges Büschel Haare absteht. »Sieht so aus, als hätte ich schon wieder alles ganz falsch gemacht.«

»Sieht so aus. Aber mach dir jetzt keine Sorgen. Du kannst ein paar Tage hier schlafen, bis die Profis dein Haus ausgesprüht haben.«

»Vielen Dank, Alex. Ich weiß wirklich zu schätzen, wie du und Celia immer auf mich aufpaßt.«

»Nicht der Rede wert. Ich sehe Celia morgen im Büro und werde ihr sagen, wo du steckst. Und jetzt gehe ich ins Bett zurück. Morgen habe ich nämlich Frühdienst im Büro. Du kannst ja ausschlafen, wenn du willst.«

»Kann ich nicht«, sagte er stolz. »Ich habe nämlich einen Job, ganz früh am Morgen.«

»Oh? Als was denn?«

»In Chatswood gibt es einen Typ, der eine Tankstelle hat. Sie liegt mitten zwischen zwei Motels, und er will versuchen, die Übernachtungsgäste als Kunden zu gewinnen. Sie sollen bei ihm tanken, bevor sie sich am nächsten Morgen wieder auf den Weg machen. Auf jeden Fall fange ich schon ganz früh an, die Windschutzscheiben von all den Autos vor beiden Motels zu waschen, und dann stecke ich einen Werbezettel hinter die Scheibenwischer. Keine schlechte Idee, was?«

»Nein, nicht schlecht, Wally. Okay, dann stehst du eben auf, wann du mußt. Ich sehe dich morgen abend.«

»Gute Nacht, Alex. Und nochmals danke.«

Ich winkte ihm zu und ging zurück in mein Bett, wo ich noch eine Weile darüber grinste, daß Wally von einer Armee erzürnter Spinnen aus seinem Haus vertrieben worden war.

Am nächsten Morgen sprach ich wieder mit Wally, aber bei dieser Unterhaltung gab es nichts zu grinsen. Um zehn Uhr rief er im Büro an, und seine normalerweise fröhliche Stimme war dumpf vor Angst.

»Du mußt mir helfen, Alex. Dieses Mal stecke ich ganz, ganz tief in der Tinte.«

»Was ist denn los, Wally? Und wo bist du überhaupt?«

»Bei der Polizei in Chatswood. Sie lassen mich diesen einen Anruf machen, und ich wußte doch nicht, wen ich sonst anrufen soll, und deshalb –«

»Immer mit der Ruhe. Was ist denn passiert?«

»Mensch, Alex, ich weiß es doch nicht. Aber die reden hier von Mord, und dabei habe ich gar nichts gemacht. Ich schwöre, ich –«

»Okay, okay, Wally. Laß mich mal mit einem von den Polizisten reden.«

Eine langsame, tiefe Stimme meldete sich. »Sergeant Costello.«

»Sergeant, hier spricht Alex Farrell, von der Privatdetektei Farrell und McKenzie. Können Sie mir vielleicht sagen, was mit Wally – äh – Walter Dumbarton los ist?«

»Farrell war der Name? Sind Sie Anwalt, Mr. Farrell?«

»Nein, ich bin ein Freund von Dumbarton. Steht er unter irgendeinem Verdacht?«

»Das können Sie laut sagen, Farrell. Er wurde in einem Hotelzimmer neben einer toten Frau gefunden. Hören Sie, es geht mich zwar nichts an, aber wenn Sie wirklich ein Freund von ihm sind, besorgen Sie ihm lieber schleunigst einen Anwalt. Er wird ihn brauchen.«

»Danke, Sergeant. Geben Sie ihn mir bitte noch einmal?«

Als Wally wieder am Telefon war, sagte ich: »Der Sergeant hat gesagt, daß du mit einer ermordeten Frau im selben Hotelzimmer warst. Stimmt das?«

»Äh, hm, ja, aber ich war nicht da. Ich meine, als es passiert ist. Ich habe gar nichts gemacht, Alex. Ich schwöre, daß ich nicht –«

»Ganz ruhig, Wally. Und hör mir genau zu. Wenn wir austelefoniert haben, werden die wieder anfangen, dich zu verhören. Sag nichts. Kein einziges Wort. Ich besorge dir einen Anwalt und komme so schnell ich kann.«

Seine Stimme klang unsicher. »Aber kann ich das denn? Ich meine, so schlimm sind sie eigentlich gar nicht, und wenn ich ihnen erkläre –«

»Wally, hör auf mich. Kein einziges Wort mehr. Ich bin gleich da.«

»Okay –«

Dreißig Minuten später eilten Ben Guildford und ich durch die Tür des Polizeireviers von Chatswood. Ben ist Anwalt und ein Freund von mir, und er hatte sich bereit erklärt, Wally zu helfen, wenigstens durch die Vorverhandlung.

Als wir Wally aus den Händen der Beamten loseisten, waren diese nicht sehr glücklich. Wally hatte anscheinend meine Anweisungen befolgt und nach unserem Telefongespräch kein Wort mehr gesagt. Ben runzelte ein bißchen die Stirn, lächelte sehr viel und schwätzte den Polizisten ein kahles Vernehmungszimmer für unser Gespräch mit Wally ab.

»Ich habe gemacht, was du gesagt hast, Alex. Ich habe überhaupt nichts gesagt«, sagte Wally. »Aber es hat ihnen nicht gefallen.«

»Dir würde es noch viel weniger gefallen, die nächsten fünfzehn Jahre in einem Gefängnis zu hocken. Also, was, zum Teufel, ist passiert?«

Er schüttelte traurig den Kopf. »Ach, Alex. Die arme Frau ist anscheinend ermordet worden, und der Mann ist so schnell an mir vorbeigerannt, daß ich ihn gar nicht richtig gesehen habe, und als ich den Schlag auf den Kopf bekam, wurde ich ohnmächtig, und der Polizist, der mich aufweckte, hat mich die ganze Zeit geschüttelt, und er hat mich mit vielen verrückten Fragen ganz durcheinander gebracht, und –«

Auf die Art ging es eine Zeitlang weiter, aber schließlich hatten wir die Geschichte aus ihm herausgeholt. Wally sagte, er hätte auf meinem Sofa nicht schlafen können, weil er immer an die Spinnen denken mußte, und deshalb beschloß er, schon früh mit der Windschutzscheibenwascherei anzufangen. Er holte sich in der durchgehend geöffneten Tankstelle Eimer, Lappen und Werbezettel und marschierte durch die Dunkelheit zum ersten Motel, um für seinen neuen Arbeitgeber saubere Arbeit zu leisten. Es war ungefähr drei Uhr, sagte er, als er das erste Motel erreichte. Als er die Windschutzscheibe des ersten Autos putzte, kam ein Mann aus einem nahegelegenen Zimmer gelaufen, sprang in ein Auto und fuhr fort.

Wally sagte, er hätte einen Werbezettel hinter den Scheibenwischer des ersten bearbeiteten Autos gesteckt und sich gerade über die nächste Windschutzscheibe hermachen wollen, als er sah, daß der Mann die Tür des Motelzimmers offengelassen hatte. Wally sagte, er hätte gedacht, daß das aber nicht sehr nett von dem Mann war, weil doch jeder einfach durch die Tür spazieren und den Fernseher oder sonstwas stehlen könnte, und deshalb sei er hingegangen, um die Tür zuzumachen. Und von der Tür aus sah er die Frau quer über dem Bett liegen.

»Sie hat furchtbar ausgesehen«, sagte Wally. »Irgendwie platt, weißt du, und überall blaue Flecken und Schnitte. Und sie hatte keine Kleider an«, fügte er mit großen Augen hinzu.

»Und warum hast du die Tür nicht zugeknallt und nach der Polizei geschrien?«

»Na ja, ich wollte ja, aber sie sah so – sie sah so einsam und hilflos aus, und ich wollte sie doch nur zudecken, damit nicht alle sie so sahen. Und gerade, als ich sie zudecken wollte, hörte ich plötzlich hinter mir ein Geräusch, und dann – peng! – ist etwas auf meinen Kopf geknallt, und anscheinend bin ich einfach umgekippt.«

Ben saß nur da und sah anwalthaft aus, deshalb stellte ich die Fragen. »Wie hast du denn gestanden? Mit dem Gesicht zum Zimmer oder zur Tür?«

»Äh, zur Tür, denke ich. Weshalb?«

»Dann mußte der Mensch, der dich niedergeschlagen hat, also im Zimmer gewesen sein?«

»Ah ja, das könnte sein. Ich glaube, die Badezimmertür war zu. Ich bin mir nicht sicher, aber ich glaube schon.« Sein Gesicht hellte sich auf. »Ist das eine Hilfe?«

»Weiß ich noch nicht. Erzähl weiter.«

»Sonst gibt es nicht mehr viel. Als ich wach wurde, war es schon hell, und so ein großer Polizist schüttelte mich. Und in der Tür stand ein Zimmermädchen und rang die Hände. Sie sah aus, als würde sie gleich weinen. Und dann kamen noch mehr Polizisten, und sie redeten mit mir, und dann brachten sie mich hierher.«

»Okay, Wally«, sagte ich. »Hat sonst noch jemand den Mann gesehen, der das Motelzimmer verließ?«

»O nein. Der Parkplatz war leer. Menschenleer auf jeden Fall. Die Autos waren ja da. Es war ja auch richtig früh, und ich wäre ja auch nicht dagewesen, eben nur, weil ich nicht schlafen konnte, weil ich immer an die Spinnen denken mußte, und weil –«

»Das ist jetzt schon das zweite Mal, daß er was von Spinnen sagt«, meinte Ben. »Was haben denn Spinnen mit dem Fall zu tun?«

»Nichts«, sagte ich. »Frag lieber nicht. Wally, wie hat der Mann ausgesehen?«

»Na ja, es war ja ein bißchen dunkel, mußt du wissen, und er hatte es ziemlich eilig, deshalb habe ich ihn ja auch nur kurz gesehen, aber ich würde sagen, daß er, na ja, ganz normal aussah.«

Wally war ein elender Augenzeuge. Zehn Minuten intensiver Befragung brachten als Resultat nur die Beschreibung eines vorbeihastenden Mannes hervor, die auf Tausende von Männern gepaßt hätte. Er war mittelgroß, mittelkräftig, trug einen dunklen Anzug, vielleicht blau und hatte dunkles Haar, braun oder schwarz. Und wie lang war sein Haar? Normal lang natürlich.

Ich seufzte. »Und das Auto, Wally? Was für ein Auto hatte er?«

»Ein ganz normales. Es war ganz normal. Also kein Sportflitzer, und auch kein Kombi. Es war irgendwie grau, aber nicht richtig grau, glaube ich. Vielleicht doch eher sandfarben oder creme.«

»Was für ein Fabrikat oder Modell?«

»Ein Ford vielleicht? Oder vielleicht doch nicht. Aber ziemlich neu, glaube ich.«

»Wahrscheinlich hat es keinen Zweck, nach dem Nummernschild zu fragen, was?«

»Tut mir leid. Oder nein, warte mal. An eins erinnere ich mich noch. An der Heckscheibe hatte das Auto einen Aufkleber. So eine Art Schmetterlingsding.«

Das war wenigstens etwas. Das »Schmetterlingsding«, das Wally gesehen hatte, war ein Werbeaufkleber für eine Ferieninsel am Barriereriff vor der Nordostküste. Was nicht unbedingt viel bedeuten mußte, außer man wußte, daß eine der größten Leihwagenfirmen der Stadt diese Werbeaufkleber benutzte, um ihre Autos kenntlich zu machen, und natürlich um für die Insel zu werben.

»Ein Aufkleber für Dunk-Island«, sagte ich. »Das Auto war also gemietet.«

Wally spitzte die Ohren. »Heißt das, daß du den Mann finden kannst?«

»Nicht ohne mehr Informationen zu haben. Mir läuft ein Schauder über den Rücken, wenn ich daran denke, wie viele normal aussehende Männer mit dunklem Haar in diesem Augenblick mit hellen Mietwagen durch die Gegend fahren.«

»Ach so. Da hast du natürlich recht.«

»Ben«, sagte ich, »willst du vielleicht noch was zu dem Fall sagen?«

»Nichts sehr Hoffnungsvolles, fürchte ich. Es sieht so aus, als hätte die Polizei einen In-Flagranti-Fall gegen Walter. Es würde mich sehr überraschen, wenn nicht schon in den nächsten ein bis zwei Stunden offiziell Anklage gegen ihn erhoben würde. Dann kann die erste Anhörung vor dem Haftrichter heute nachmittag, spätestens jedoch morgen früh stattfinden. Ich werde natürlich für Walter auftreten, und wenn bis zur Verhandlung Untersuchungshaft angeordnet wird, werde ich versuchen, ihn für eine angemessene Kaution freizubekommen. Aber davon abgesehen, können wir im Augenblick herzlich wenig tun.«

Wally sah niedergeschmettert aus. Der kahle Raum, in dem wir saßen, schien all seine gesunde, ländliche Frische aus ihm herausgesaugt zu haben. »Du wirst mir doch helfen, Alex, oder? Du und Celia, ihr zwei seid doch die einzigen Leute in Sydney, denen ich vertrauen kann, und lieber Himmel, das hier sieht doch ganz schön ernst aus, oder?«

Ich verbreitete mehr Optimismus und Aufmunterung als ich eigentlich fühlte. »Kein Grund zur Aufregung, Freund. Wir werden dich schon aus der Tinte rausholen.« Ich glaubte Wallys Geschichte von Anfang bis Ende, weil ich ihn kannte. Wenn er gelogen hätte, wäre seine Geschichte klar und durchsichtig gewesen, mit vielen irrelevanten Einzelheiten durchsetzt. Genau wie Wally selbst. Aber ihm zu glauben und ihm helfen zu können, waren zwei ganz verschiedene Dinge.

»Ach, Alex«, sagte Wally. »Da ist noch was. Würdest du bitte jemand anrufen, damit die diese Krabbelspinnen aus meinem Haus jagen?«

»Na klar, Wally. Gar kein Problem.«

Ich klopfte ihm herzlich auf die Schulter und blieb mit Ben noch stehen, bis ein bulliger Polizeikonstabler Wally durch einen langen, grünen Korridor weggeführt hatte. Er sah aus wie ein Hundebaby, das über die Urlaubszeit in einem Tierheim zurückgelassen wird.

Ben Guildford ließ sich als Wallys Anwalt eintragen und hinterließ seine Telefonnummer, damit man ihn benachrichtigen konnte, sobald mit der Vorführung vor den Haftrichter zu rechnen war. Dann bestellte ich Ben ein Taxi, bedankte mich bei ihm, und ging zurück ins Revier. Meine Versuche, Informationen über das Opfer einzuholen, erwiesen sich als vergeblich. Ich gab auf, als sie mir den üblichen Schmus vorbeteten: erst wenn wir die nächsten Angehörigen gefunden haben.

Von einer Telefonzelle rief ich im Büro an, konnte Celia jedoch nicht erreichen. Sie hatte sich den Morgen freigenommen und um die Mittagszeit einen Termin bei ihrem Geschäftsfrauenklub. Ich sprach eine Nachricht auf Band.

»Wally der Dummkopf hat es schon wieder geschafft. Diesmal ist es ernst. Bleib im Büro, bis ich komme.«

Das Hardencourt-Motel lag am Highway 1, und das Zimmer, in dem die Frau gestorben war, ganz am Ende des einen Flügels, kurz vor einer hohen Backsteinmauer. Ein zehn Jahre alter, rostzerfressener Kleinwagen parkte vor der Tür. Ein weißes Plastikband lief um ihn herum und identifizierte den Schrotthaufen als Gegenstand des Polizeiinteresses. Ein gelangweilter Polizist in Uniform drehte seine Runden.

Als ich mein Auto parkte, sah ich hinter dem Fenster des Motelbüros ein Gesicht. Ich ging also so zielstrebig auf den Polizisten zu, als sei ich einer von ihnen, nannte ihm meinen Namen und behauptete, ich hätte Besitzrechte auf das Auto. Natürlich rückte er es nicht heraus, aber das war mir egal. Hauptsache, daß ich im Gespräch mit dem Polizisten gesehen wurde. Ich kritzelte etwas in meinen Block und spazierte mehrmals interessiert um das Auto herum. Dann ließ ich mir von dem Polizisten das Büro zeigen und ging darauf zu. Abrupt verschwand das Gesicht hinter dem Fenster.

Als ich die Bürotür aufdrückte, humpelte ein bulliger Kerl von etwa Mitte Vierzig hinter das Empfangspult und beugte sich vor. Sein Gesicht war rot und fleischig, und die Augen lagen darin wie Glasmurmeln. Immer wieder fuhr er sich nervös mit der Zunge über die Lippen.

»Tag«, sagte er. »Kann ich was tun?«

»Farrell. Zeigen Sie mir die Anmeldung der Toten.«

»Ja, natürlich, Officer. Hier ist sie.« Die Karte lag schon griffbereit neben den anderen, und er reichte sie mir mit einem anbiedernden Lächeln. »Die anderen Beamten haben sich schon alles notiert. Stimmt etwas nicht?«

»Einen Augenblick bitte.«

Ich ließ ihn warten, während ich mir Name und Adresse der Toten notierte. Hilda Bratton, wohnhaft in Cootamundra, einem kleinen Städtchen etwa hundert Meilen entfernt. Auch die korrekte Autonummer stand auf der Karte. Ich sah den Motelmenschen an und fragte: »Sind Sie Hardencourt?«

»Nein, es gibt keinen Hardencourt mehr. Er ist vor fünf Jahren gestorben. Der Aust-East-Immobilien-Trust hat das Motel gekauft, und ich bin bei der Firma angestellt. Kevin Chifley, Manager. Aber das alles habe ich doch schon den anderen Beamten erklärt –«

Ich hob gebieterisch die Hand und fragte mich, wie lange ich ihn wohl hinhalten konnte. »Das ist aber doch eine Männerhandschrift hier auf der Karte.«

»Ja, schon. Es ist meine Schrift. Das habe ich auch schon erklärt.

Die Dame sagte, sie hätte sich die Hand verletzt und bat mich, die Karte für sie auszufüllen. Hören Sie, wie oft muß ich das denn noch erzählen?« Die kleinen Augen in dem talgigen Gesicht verschwanden fast völlig in den Höhlen, als er endlich dahinterkam. »Kann ich mal Ihren Ausweis sehen?«

Ich versuchte es mit dem halbsekündigen Aufklappen der Brieftasche, aber es funktionierte nicht. Chifley pflanzte einen dicken Zeigefinger auf die Lizenz, bis er alles gelesen und verdaut hatte, und dann verwandelte er sich von einem Kriecher in einen Tyrannen.

»Sie verdammter Schnüffler!« brüllte er und riß mir die Anmeldung aus der Hand. »Machen Sie, daß Sie hier rauskommen, aber schnell. Ihnen habe ich nichts zu sagen!«

»Wenn Sie weiterhin Motelgäste auf diese Art verlieren, werden Sie irgend jemand bald mehr als genug sagen müssen.«

»Nicht sehr wahrscheinlich. Was kann ich denn dafür, was in den Zimmern passiert. Das hier ist ein anständiges Motel.«

Vielleicht war es das einmal gewesen, jetzt jedoch nicht mehr. Das Gebäude war vielleicht fünfzehn oder zwanzig Jahre alt, und es hatte sich nicht sehr gut gehalten. All die kleinen Anzeichen der Verwahrlosung waren da. Von der Überdachung über den Verbindungswegen blätterte die Farbe ab, der Parkplatz zeigte räudige Flecken, und das Büro war verstaubt und unordentlich. Noch war es kein richtiges Dreckloch, aber in zwei oder drei Jahren würde es ganz sicherlich heruntergekommen sein zu einem Stundenhotel, das nur von gelangweilten Hausfrauen und erfolglosen Vertretern aufgesucht wurde.

»Aber sicher, Chifley. Sie führen hier wirklich ein gutes Haus. Die Hilton-Kette muß panische Angst vor Ihrer Konkurrenz haben.«

»Verschwinden Sie endlich!«

Als ich ins Büro kam, lief Celia schon nervös auf und ab. Sie gehört zu jenen großen Frauen, einsachtundsiebzig groß, langes, rotbraunes Haar, sehnige Mädchenmuskeln und lange, braungebrannte Beine. Wenn Celia in einem kurzen Rock die Straße entlanggeht, kann es vorkommen, daß Jugendliche, männlichen Geschlechts, mit dem Kopf gegen Hauswände rennen und wie wilde Hunde heulen.

»Was hat Wally denn jetzt angestellt?« wollte sie wissen. »Und wann wirst du endlich aufhören, ihn Wally den Dummkopf zu nennen.«

»Wenn er aufhört, sich wie einer zu benehmen. Und nun reg dich ab, Cel, wir müssen in Ruhe reden. Der Junge steckt wirklich in Schwierigkeiten.« Ich erzählte ihr die Geschichte von Anfang an. Bei der Spinnenepisode kicherte sie vor sich hin, aber als ich zu dem morgendlichen Anruf kam, verließ das Lachen ihre grünen Augen. Sie stützte einen herrlichen Oberschenkel auf meinen Schreibtisch und hörte sich den traurigen Rest ernst und ruhig an.

»Oh, Mann«, seufzte sie, als ich fertig war. Dann fügte sie wieder energisch hinzu: »Also schön. Stürzen wir uns auf ein Neues in die Schlacht für Cousin Walter. Was hast du bis jetzt erreicht?«

Ich gab ihr die Information über die Frau, Hilda Bratton, und sie hängte sich sofort ans Telefon. Zehn Minuten später wußte sie, daß die angegebene Adresse nicht existierte und hatte einen freundlichen Mitarbeiter der Kraftfahrzeugmeldestelle dazu überredet nachzuforschen, auf wen das Auto mit der Nummer zugelassen war, die auf der Anmeldekarte des Motels gestanden hatte.

Während wir auf seinen Rückruf warteten, rief ich den Kammerjäger an. Er hielt die Geschichte für sehr lustig. »Vielleicht werden Sie mir nicht glauben«, sagte er, »aber solche Typen kommen alle paar Jahre mal vor. Sprühen den Garten und treiben die *atrax robustus* direkt ins Haus. Aber kein Problem, junger Mann. Wir kümmern uns darum. Sagen Sie Ihrem Freund, daß er das Haus in den nächsten drei Tagen nicht betreten soll. Wir werden ein Spezialmittel benutzen müssen, um die kleinen Teufel auszutreiben. Und das ist für Menschen nicht sehr bekömmlich.«

Ich versicherte ihm, daß Wally sein Haus auf keinen Fall in den nächsten Tagen betreten werde und sagte ihm, wo er die Schlüssel abholen konnte. Immer noch vor sich hinlachend hängte er ein.

Danach rief ich Jim Donovan an. Jim ist schon seit ewigen Zeiten Polizist, geht so langsam auf seine Pensionierung zu, hat aber immer noch einen mehr als scharfen Verstand. Gelegentlich helfen wir uns gegenseitig mit Informationen aus, und einmal im Monat pokern wir in derselben Runde.

»Hilda Bratton?« sagte er. »Wollen wir doch mal sehen. Irgendwie klingt der Name bekannt, Alex. Ah, da habe ich es ja schon. Hilda Bratton, alias Hildy Brasher, alias Hilda Brooker, und noch ein paar Aliase. Sie hat Klasse.«

»Und worauf ist sie spezialisiert, Jim?«

»Oh, kleinere Trickbetrügereien. Ich glaube, irgendwann in den Siebzigern hat sie ein oder zwei Jahre wegen Scheckbetrugs abgesessen, aber üblicherweise beschränkt sie sich auf Trickbetrug. Manchmal arbeitet sie mit einem Partner, aber nicht immer. Sieht gut aus, diese Hilda. Anfang Vierzig, aber man würde sie höchstens für Dreißig halten. Ich kann das zwar noch genau nachprüfen, Alex, aber ich glaube, im Augenblick sitzt sie wegen Betrugs in Mulawa. Sie und ein Kerl namens Slick Willy Ardicale fanden ein Haus, das zum Verkauf stand, schafften es, einem dummen Makler den Schlüssel abzuluchsen, und boten das Haus zur Miete an. Sie zeigten es nur abends und erzählten irgendeine Geschichte, weshalb sie es nicht verkaufen könnten, und weshalb sie es vermieten mußten. Dreimal ließen sie sich die Miete im voraus zahlen und versprachen, die Schlüssel zu übergeben, wenn die Schecks eingelöst seien. Es war Cardivale, soviel ich weiß, der das Haus noch ein viertes Mal vermieten wollte, an einen jungen Polizisten, außer Dienst natürlich, der irgendwie Lunte roch.«

»Jim, Hilda ist nicht mehr in Mulawa. Und sie wird auch nie mehr dahin zurückkehren. Heute morgen hat man sie in Chatswood aus einem Motelzimmer gezogen, und sie war so tot, wie man nur sein kann.«

»Ach, sie ist die Frau aus dem Motel? In der Kaffeepause, heute morgen, habe ich davon gehört, den Namen aber nicht mitbekommen.«

»Sieht wirklich so aus, als wäre es deine Hilda.«

»Aber haben sie nicht schon den Typ, der es getan hat?«

»Nein. Sie haben einen Verdächtigen, aber der ist unschuldig. Es ist der Junge, der unser Büro saubermacht. Celias Cousin. Ich versuche rauszukriegen, wer es in Wahrheit getan hat.«

»Herrlich, Alex. Es ist also wieder mal soweit, was? Wieder einmal springst du in die Bresche für ein armes unschuldiges Bürschchen, das nur ganz zufällig daneben gestanden hat, die rauchende Knarre in der Hand. Deine galanten Unternehmungen sind eine wahre Wonne meines Alters.«

»Hör schon auf, Jim. Der Junge hat es wirklich nicht getan.«

»Oh, sicher nicht. Sicher nicht. Und woher weißt du das, wenn ich einmal fragen darf?«

»Weil er es mir gesagt hat.«

Jim lachte immer noch, als ich einhängte. Heute schienen wirklich alle Leute sich königlich zu amüsieren, bloß ich hatte seit letzter Nacht noch nichts zu lachen gehabt.

Und dann kam Celia aus ihrem Büro, mit der Stadtadresse Hilda Brattons, herzlichen Dank an die Kraftfahrzeugstelle. Sie sagte, sie würde sofort hinfahren und verschwand mit wippendem Rock und flatterndem Haar.

Als sie weg war, versuchte ich, mir eine Situation auszudenken, die zu Wallys Geschichte passen konnte. Wenn seine Erzählung stimmte, waren zwei Männer mit Hilda Bratton in diesem Motelzimmer gewesen. Korrektur – ein Mann und eine weitere Person, Geschlecht noch unbekannt. Ein Mann rannte weg, die andere Person schlug Wally nieder und floh dann vermutlich ebenfalls. Was hatte sich also in diesem Motelzimmer abgespielt? Hilda hatte sich allein angemeldet, ohne Begleitung. War das Trio verabredet gewesen? Ging es vielleicht um die Übergabe von Rauschgift? Aber das schien nicht zu Hildas Vergangenheit zu passen. Und was hatte die verletzte Hand zu bedeuten? War sie wirklich verletzt gewesen? Oder wollte sie bloß nicht, daß ihre Handschrift auf der Anmeldung sie irgendwann verraten konnte? Falls ja, weshalb hatte sie dann ihren richtigen Namen benutzt? Oder war die tote Frau jemand anderes, und die richtige Hilda Bratton saß doch noch in Mulawa?

Diese Überlegung schien vielversprechend zu sein, aber Ben Guildford machte sie zunichte, als er anrief um mir zu sagen, daß Wally offiziell des Mordes an einer Hilda L. Bratton angeklagt worden sei und am nächsten Morgen um elf Uhr dem Haftrichter vorgeführt würde. Er sagte, er würde sich wieder melden, wenn er die Höhe der Kaution wüßte.

Nach Bens Anruf hörte das Telefon eine Stunde lang nicht auf zu klingeln. Wenn das passiert, denke ich oft, wir sollten uns statt des Anrufbeantworters lieber eine Sekretärin zulegen. Dann rechnet Celia die Stunden der Woche zusammen, in denen das Telefon kein einziges Mal klingelt und schlägt vor, ich solle das Gehalt der Sekretärin aus meiner Hälfte des Gewinns bezahlen.

Wir haben immer noch keine Sekretärin.

Die Anrufe waren nicht sonderlich wichtig, hielten mich aber von der Arbeit an Wallys Problem ab. Eine Finanzierungsgesellschaft wollte zwei Rückforderungen durchgesetzt haben, eine in aller Eile, weil sie den Verdacht hatten, daß der Kunde sich aus dem Staub machen wollte. Ich dankte ihnen für den Auftrag und gab die eilige

Sache an ein anderes Büro weiter. Der zweite Fall konnte ruhig ein paar Tage auf dem Schreibtisch liegenbleiben.

Als nächstes wollte ein wütender Ladenbesitzer mit mir über die Empfehlung streiten, die Celia ihm hinsichtlich einbruchsicherer Schlösser gegeben hatte. Ich brauchte fünfzehn Minuten, bis ich ihn so weit hatte, daß er mir das Fabrikat des Schlosses nannte, das er hatte installieren lassen. Es stand nicht auf unserer Empfehlungsliste, und er war nicht gerade glücklich, als ich ihm sagte, sein Schloß bestehe aus vernickeltem Aluminium, das nicht einmal eine entschlossene Straßenkatze zurückhalten könne, geschweige denn einen Einbrecher. Wir verabschiedeten uns und stimmten überein, daß man wirklich nur das bekam, wofür man bezahlt hatte.

Dann kam ein Anruf von einer Wachgesellschaft, die für dieselbe Nacht noch einen zusätzlichen Mann brauchte, spätestens um Mitternacht, und könnten wir ihnen bitte, bitte aus unserer Kartei einen Menschen nennen, der dazu in der Lage war, eine Nacht allein zu verbringen, ohne Angst vor der Dunkelheit zu haben? Ich gab ihnen gleich mehrere Namen und erinnerte sie daran, daß sie uns jetzt einen Gefallen schuldig waren.

Der letzte Anruf kam von Jim Donovan, und er war der schlimmste.

»Alex, mein Junge, ich habe schlechte Nachrichten für dich. Es geht um Hilda Bratton und deinen Freund, der seine Unschuld so lautstark beteuert. Ich habe einen alten Freund in Chatswood angerufen, und, aber das darfst du niemandem erzählen, er sagt, daß seine Jungs sich an diesem Fall wirklich festgebissen haben. Er sagt, daß die arme Hilda einen sehr schweren Tod hatte.«

Es war tatsächlich ein schwerer Tod. Hilda hatte mehrere innere Verletzungen und fünf gebrochene Knochen, zwei davon Schädelknochen. Der Mörder hatte sie systematisch totgeschlagen.

»Jim, gibt es vielleicht die Möglichkeit, daß Hilda sich prostituierte und an einen miesen Kunden geraten ist?«

»Die Jungs aus Chatswood sagen nein. Und das paßt auch zu Hildas Vorgeschichte. Ich kann sie mir in diesem Gewerbe nicht vorstellen. Hilda erschwindelt sich lieber einen Dollar, als zehn zu verdienen. Sie hat noch nie für Geld gearbeitet.«

»Okay, Jim. Danke.«

»Die Jungs wollen unbedingt eine Verurteilung durchsetzen,

Alex. Vergewissere dich lieber noch einmal, daß dieser Freund von dir es nicht gewesen ist, bevor du dich zu tief in die Sache einläßt.«

»Ja, sicher. Bis dann.«

Celia kam zurück, als ich einhängte. Sie sah so frustriert aus, wie ich mich fühlte. Die Polizei hatte die Bratton-Wohnung schon versiegelt, als sie ankam. Sie hatte zwar mit den Nachbarn geredet und konnte sich jetzt ein besseres Bild von Hilda machen, aber das half uns auch nicht viel. Hilda Bratton war allen Aussagen nach eine attraktive Frau, nicht auf den Mund gefallen, aber freundlich, wenn sie dazu Lust hatte. Sie hatte sich ein paarmal kleinere Geldsummen geliehen und sie nur zögernd und ungern wieder zurückgezahlt, nach wiederholten Mahnungen. Sie hatte drei Monate in der Wohnung gewohnt und nie über ihre Arbeit oder ihre Vergangenheit gesprochen.

»Alex, ich bin sicher, daß die Polizei bei diesem Fall die Beinarbeit erledigen und den Mann mit dem Leihwagen finden wird.«

»Ich hoffe es, aber ich habe so ein komisches Gefühl im Magen. Jim Donovan sagt, daß sie Wally festnageln wollen. Ich glaube fast, die glauben nicht mal, daß es einen Mann und einen Leihwagen gegeben hat.«

»Dann sieht es also für Wally nicht gut aus?«

»Nein. Und kannst du dir ihn im Zeugenstand vorstellen? Er wird sich räuspern und winden und herumrutschen und ganz durcheinander werden, und jeder nur einigermaßen clevere Ankläger wird ihn mit hübschen, großen, schuldig aussehenden Knoten verpacken.«

»Wahrscheinlich bin ich an der ganzen Sache mit schuld«, sagte Celia. »Ich hätte ihn in den Busch zurückschicken sollen, als er damals hier aufkreuzte, und ihm nicht noch helfen sollen, einen Job zu kriegen.«

»Ach, hör auf, Cel. Darum geht es doch nicht. Es ist nur, daß Wally – na ja, daß er einfach nicht in eine Stadt gehört. Er ist wie ein irischer Setter, nichts als Schlappohren und große Füße, und er wedelt mit dem Schwanz und meint, alle Welt muß ihn lieben. Er ist einfach zu vertrauensselig.«

»Vielleicht. Aber ich verspreche, wenn wir ihn aus dieser Sache rauskriegen, werde ich dich nie mehr annörgeln, weil du ihn Wally den Dummkopf nennst. Und vielleicht können wir ja dafür sorgen, daß er nicht immer diese merkwürdigen Jobs annimmt. Wir ködern ihn einfach –«

»He, das ist es vielleicht!«

»Was? Was ist?«

»Weißt du was, vielleicht ist genau das in diesem Motelzimmer passiert. Das alte Köderspiel. Hilda gabelt einen Mann auf, nimmt ihn mit auf ihr Zimmer, und dann kommt ihr angeblicher Freund und droht dem Verehrer Prügel an, außer er zahlt. Bloß ist dabei was schiefgegangen. Könnte doch sein, oder? Jetzt fragt sich nur, wer der angeblich betrogene Freund ist.«

»Finden wir es heraus.«

»Das werden wir. Es ist ja die einzige Chance, die wir haben. Bis auf weiteres gehört das Büro dir ganz allein, Cel. Ich mache von jetzt an Nachtschicht.«

Die nächsten Nächte verbrachte ich auf der Lauer vor dem Hardencourt Motel. Von der anderen Seite des Highway aus hatte ich einen ausgezeichneten Blick auf den Parkplatz des Motels. Mit meinem alten Feldstecher konnte ich durch das Fenster alles sehen, was sich im Büro abspielte. Das Fenster hätte mal geputzt werden können.

Jeden Morgen kroch ich ins Bett, um den Tag zu verschlafen, und jeden Tag zweifelte ich mehr an meiner Theorie mit dem Beischlafbetrug. Am späten Nachmittag ging ich dann immer kurz zu Celia ins Büro, um mir die neuesten Nachrichten des Tages erzählen zu lassen.

An den meisten Tagen waren die Nachrichten nicht sehr gut. Das Verfahren gegen Wally wurde eingeleitet. Der Staatsanwalt forderte eine hohe Kaution. Weder Celia noch ich konnten soviel Geld aufbringen. Ben Guildford konnte nur den Kopf schütteln, und Wally blieb im Gefängnis.

Celia nervte die Polizei damit, daß sie immer wieder verlangte, sie sollten alle in Frage kommenden Leihwagen überprüfen, aber sie lehnten ab. Sie behaupteten, es gäbe nicht genug Männer und nicht genug Mittel, um eine so groß angelegte Kampagne durchzuführen. Jim Donovan sagte, der wahre Grund sei, daß sie es einfach nicht für nötig hielten. Sie hatten ihren Mann.

Jim gab Celia eine Liste aller bekannten Komplizen Hilda Brattons, und wir überprüften sie alle. Ich verkürzte mein Schlafquantum auf vier Stunden pro Tag und übernahm einige der Leute, Celia den Rest. Aber keiner brachte uns weiter.

In der sechsten Nacht saß ich wieder mit dem Feldstecher im

Auto, neben mir eine Thermosflasche mit fast schon kaltem Kaffee, den Kopf voll mit dunklen, trüben Nachtgedanken. Und dann, wenige Minuten vor elf Uhr, tat sich endlich etwas. Ein alter, klappriger Volkswagen fuhr auf den Parkplatz des Motels. Eine kleine, mollige Blondine stieg aus und stakste auf hohen Absätzen ins Büro. Durch das schmutzige Fenster konnte ich sie mit Chifley, dem Manager, sprechen sehen. Sie schienen sich zu streiten, und sie schien den Streit zu gewinnen. Schließlich zuckte er die Schultern und gab ihr einen Zimmerschlüssel. Sie ließ ihn um ihren Finger kreisen, warf Chifley eine übertriebene Kußhand zu und stolzierte aus dem Büro.

Sie fuhr den VW in eine Parklücke vor dem hinteren Flügel des Motels und betrat ein Zimmer. Durch die vorgezogenen Vorhänge konnte ich das Licht aufflammen sehen. Schon nach dreißig Sekunden kam die Blondine wieder zum Vorschein, stieg in ihr Auto und fuhr über den Parkplatz auf den Highway. Ich erhaschte einen kurzen Blick auf ihr Profil, Kinn hoch erhoben, als sie an mir vorbeifuhr.

Wenn ich mich nicht sehr irrte, war jetzt ein neues Betrugsspiel im Gang, und sie war der Köder. Die einzige Frage war: Würde sie die richtigen Fliegen anlocken?

Es dauerte fast drei Stunden, bis sie wieder zurückkam, aber als der kleine Käfer stotternd auf den Parkplatz des Motels einbog, wurde er gefolgt von einem roten Sedan, der auf durchgefahrenen Stoßdämpfern alarmierend schaukelte. Die Frau stellte den Käfer vor ihrem Zimmer ab und half dem anderen Fahrer aus seinem Auto. Er war klein und dick und konnte nicht mehr gerade gehen. Die Blondine legte den Arm soweit es ging um seine Taille, und zusammen betraten sie das Motelzimmer.

Fünf Minuten lang geschah nichts. Dann marschierte eine massige Gestalt über den Parkplatz auf das Zimmer zu. Ich stieg aus meinem Auto und folgte ihr, hielt mich im Schatten des Gebäudes, während der Mann an die Zimmertür hämmerte. Als sie geöffnet wurde, und das Licht aus dem Zimmer auf den Parkplatz fiel, sah ich, daß die Gestalt Chifley war. Er drückte sich durch die Tür und knallte sie hinter sich zu.

Schon auf halbem Weg zum Zimmer hörte ich erregte Stimmen, und als ich vor der geschlossenen Tür stehenblieb, konnte ich auch die Worte verstehen.

»– Teufel soll das, meine Frau in ein Motelzimmer zu schleppen?«

»Ihre Frau? Sie hat kein Wort gesagt, daß sie verheiratet ist.«

»Oh, Harry, schlag ihn nicht«, rezitierte die Blonde ihren Part mit monotoner Stimme.

»Mich schlagen? Himmel, nein, schlagen Sie mich nicht, Mister. Hören Sie, ich habe doch gar nichts gemacht. Ich habe sie in einer Bar kennengelernt, wir haben ein paar Gläser getrunken, und –«

»Ich sollte Ihnen alle Zähne ausschlagen. Meine Frau in ein Motelzimmer zu schleppen. Wahrscheinlich mußte sie sogar noch selbst für das Zimmer bezahlen, was?«

»Ich – ich weiß nicht. Sie hat gesagt, sie hätte ein Zimmer, und da –«

»Sehen Sie, habe ich es doch gewußt. Das ist mein Geld! Ich gebe ihr mein ganzes Gehalt, und sie gibt es für ein Motelzimmer mit Ihnen aus.«

»Hören Sie, Mister, am Geld soll es nicht liegen. Wollen Sie es zurückhaben? Hier, was kostet das Zimmer denn? Dreißig? Vierzig? Hier, hier sind fünfzig. He, schubsen Sie mich nicht so. Nehmen Sie die hundert! Nehmen Sie alles –«

Die Stimme des kleinen, fetten Mannes wurde immer höher, als er durch das Zimmer wieselte und einen Packen Geldscheine hinter sich warf. Er rannte, kaum einen Schritt von mir entfernt, an mir vorbei, aber ich glaube nicht, daß er mich bei seiner blinden Flucht zu seinem Auto sah. Das rote Auto schleuderte über den Parkplatz, schleifte mit einem schmerzlichen Schaben – miese Stoßdämpfer – mit dem Chassis über die Kante des Bordsteins und verschwand dann mit dem Kreischen verbrannten Gummis in der Ferne.

Die Frau lachte, als Chifley die Tür schloß. Aber bevor sie einschnappen konnte, stieß ich sie wieder auf. So fest, daß sie ihm ins Gesicht flog. Blut tropfte aus seiner Nase, als er mich verständnislos anstarrte.

»Die Party ist vorbei, Freunde.«

Die Blonde ließ die Schultern hängen und schimpfte mechanisch: »Du Idiot, Chifley. Du bist doch für alles zu blöd.«

Chifley versuchte es mit einer Drohung: »Was wollen Sie denn hier? Habe ich Sie nicht neulich schon mal rausgeschmissen? Verschwinden Sie, und kommen Sie ja nicht mehr wieder!«

»Das klappt nicht, Chifley. Wir werden gleich ein hübsches Gespräch mit der Polizei über Ihr nettes kleines Spielchen hier haben. Keine schlechte Nebeneinnahme für ein heruntergekommenes Motel, was? Rücken die Typen den Zaster immer so schnell raus, oder müssen Sie manchmal auch ein bißchen gewalttätig werden?«

»Ich werde gleich Ihnen gegenüber gewalttätig, wenn Sie nicht endlich –«

Er stampfte durch das Zimmer auf mich zu, blieb aber wie angewurzelt stehen, als ich ihm meine Pistole unter die Nase hielt. Es fiel ihm nicht ganz leicht, seinen Schwung rechtzeitig abzubremsen, aber er schaffte es, und langsam machte er einen Schritt zurück nach dem anderen, bis er mit den Kniekehlen gegen die Bettkante stieß. Er setzte sich und ließ das Blut von seiner Nase auf seine Hose tropfen. Die Blondine hob die Hände und warf Chifley einen Blick voll bitterböser Verachtung zu.

»Haben Sie Hilda Bratton umgebracht, Chifley, oder war es der Kunde?« wollte ich wissen.

»Um Himmels willen, der Kunde war es. Ich doch nicht. Ich hatte mich verspätet, weil das alte Ehepaar aus Nummer achtzehn sich über die Klimaanlage beschwert hatte und ich das Ding erst reparieren mußte. Als ich dann endlich an die Tür kam, war drinnen nichts zu hören, niemand machte auf mein Klopfen auf, und ich mußte die Tür mit meinem Hauptschlüssel aufschließen. Das Schwein hatte Hilda schlimm zugerichtet. Sie lag auf dem Bett und atmete ganz komisch. Sie keuchte, und ihr Gesicht wurde immer dunkler und dunkler. Und dann machte sie ein rasselndes Geräusch und hörte ganz auf zu atmen. Ich fühlte nach ihrem Puls, und dann kam auf einmal der Kerl aus dem Badezimmer und trat mir gegen das Knie. Ich bin einfach weggeknickt, kann ich Ihnen sagen. Und er rannte weg. Ich wollte hinter ihm her, aber mein Bein machte einfach nicht mit, und dann sah ich den Jungen draußen die Autos waschen. Deshalb bin ich im Zimmer geblieben, und als der Junge auf einmal an die Tür kam, versteckte ich mich im Badezimmer, wie der Kunde es auch gemacht hatte.

Ich hörte, wie der Junge den Atem anhielt, als er Hilda sah, und dann seufzte er, ganz tief und traurig, und ich linste durch die Tür und sah, daß er nicht in meine Richtung sah, und dann habe ich ihm eine übergezogen. Er kippte sofort um. Ich ging ins Büro zurück und füllte die Anmeldung für Hilda aus, und dann mußte ich warten, bis jemand die beiden finden würde. Die ganze Zeit beobachtete ich das Zimmer, aber der Junge kam nicht wieder raus. Mann, nach einer

Stunde fing ich richtig an, mir Sorgen zu machen. Ich dachte schon, ich hätte ihn vielleicht umgebracht.«

»Und endlich, so gegen halb acht, ging Janice, eines der Zimmermädchen, dann in das Zimmer. Schreiend und weinend kam sie wieder raus. Ich rief die Bullen an, und den Rest wissen Sie ja. So ein verdammter Mist.«

Wie sich herausstellte, hatte Chifley die Wahrheit gesagt. Es war wirklich der Kunde, der Hilda getötet hatte. Nachdem Chifley sein Geständnis abgelegt hatte, fing die Polizei mit der Untersuchung des Falles noch einmal ganz von vorne an. Der Schmetterlingsaufkleber zeigte deutlich, welche Leihwagenfirma als einzige in Frage kam, und die Farbe des Autos, die Wally ja beschrieben hatte, half auch ein bißchen. Es gab fünfzehn Leihwagen, die eventuell am Motel hätten sein können. Alle waren in der Zwischenzeit gewaschen worden, manche mehr als einmal. Aber bei der Reinigung war bei einem ein winziger Blutfleck in der Innenbespannung der Tür übersehen worden, in der Nähe des Griffs, den die Hand des Mörders berührt hatte, als er die Tür zuzog.

Auf dem Mietvertrag stand natürlich der Name, und die Polizei von Melbourne hatte keine Schwierigkeiten, den verängstigten, verzweifelten Handelsvertreter aufzuspüren, dessen Leben die reine Hölle gewesen war, seit er bei einer Frau, die dann doch nicht so willig war, wie sie getan hatte, die Beherrschung verloren hatte.

Wally wurde freigelassen und alle Akten und Unterlagen über ihn vernichtet. Der Richter hielt eine fünfminütige Entschuldigungsrede, wobei er den rotgesichtigen Ankläger und die verantwortlichen Polizeibeamten mit vielen bitterbösen Blicken bedachte.

Celia drängte Wally, die Polizei und den Staat zu verklagen, aber Wally ist einfach nicht der Typ dafür. Heute grinst er über die ganze Geschichte und sagt, es sei ein »ehrlicher Irrtum« der Polizei gewesen, und er behauptet, daß er keinen Augenblick daran gezweifelt hätte, daß wir seine Unschuld beweisen würden.

Die Sydneyer Trichternetzspinnen verließen Wallys Haus mit fliegenden Fahnen, und Wally unterzeichnete einen nicht rückgängig zu machenden Fünfjahresvertrag mit dem immer noch kichernden Kammerjäger.

Außerdem hat Wally einen neuen Job. Fragen Sie mich nicht, wie er an ihn rangekommen ist, aber er arbeitet jetzt an den Wochenenden in Kings Cross. Jeden Freitag- und Samstagabend steht Wally der Dummkopf vor einem Stripteaselokal und lockt Massen von vergnügungssüchtigen Dorftrotteln in die viel zu teure Show. Anfangs konnte ich mir diesen Erfolg ausgerechnet bei Wally dem Dummkopf nicht erklären. Aber als Celia und ich einmal hinspazierten, um ihn bei der Arbeit zu sehen, kamen wir zu dem Schluß, daß Wallys Chef doch klüger sein mußte, als wir angenommen hatten.

Es liegt daran, daß Wally selbst so ehrlich und so durch und durch wie die Unschuld vom Lande aussieht. Wenn er seine Augen über die Menschenmassen auf den Bürgersteigen wandern läßt und schreit: »He, hier drinnen ziehen sie sich die *Kleider* aus!«, dann trampeln all die Gimpel vom Land ihn fast zu Boden, so eilig haben sie es, reinzukommen.

Aber Wallys neuer Job macht mir auch Sorgen. Kings Cross in Sydney ist wie die 42ste Straße in New York, wie der Strip in Los Angeles, wie Soho in London. Pro Quadratkilometer gibt es hier mehr Ganoven und Gauner und Betrüger und Diebe als Sie oder ich oder Wally es uns vorstellen können.

Und so wartete ich eben auf den nächsten Anruf von Wally dem Dummkopf.

Originaltitel: WALLY THE DUMB, 4/84
Übersetzt von Brigitte Walitzek

James Holding

Botschaft von Marsha

Es war genau vier Minuten nach elf Uhr abends, und Gilmore fluchte leise vor sich hin, als er zurückkam und wieder in seinen Wagen stieg. Er trug immer noch das dicke braune Kuvert. Unmutig riß er die Tür zu, fuhr an.

Ich richtete mich aus meiner kauernden Position im Fond auf und spannte dicht neben seinem Ohr den Hahn der Pistole. Dann setzte ich ihm den Lauf ans Genick und flüsterte: »Fahren Sie die Fifth entlang zur City Line und dann links, Freund. Und wenn Sie ein guter Junge sind, werd' ich Sie nicht erschießen.«

Er fuhr vor lauter Schreck eine Handbreit hoch, stieß einen ächzenden Angstlaut aus und nickte heftig, um zum Ausdruck zu bringen, daß er ein guter Junge sein würde. In gleichmäßigem Tempo steuerte er die Fifth entlang, ohne auch nur einmal den Blick zum Rückspiegel zu erheben. Genützt hätte es ihm sowieso nichts. Ich hatte eine Dracula-Maske aus der Spielzeugabteilung übergezogen, und selbst ohne sie hätte er mich wahrscheinlich nicht erkannt. Wer von den Angestellten eines Kaufhauses kennt schon die Lagerarbeiter?

Als ich sicher war, daß er schön brav bleiben würde, holte ich mir das braune Kuvert vom Vordersitz. Ich fühlte mich gut; alles lief so, wie ich es geplant hatte. Ich kriegte nicht nur das Geld, sondern auch Marsha, was, wie ich es sah, das Beste vom Ganzen war.

Ich sagte mir, daß noch nicht alles vorbei sei, und daß ich mich nicht zu früh in Sicherheit wiegen dürfe. Trotzdem fühlte ich mich jetzt schon ganz großartig. Ich flüsterte Gilmore zu: »Hier ist City Line. Jetzt links. Langsam und ruhig.«

Gilmore bog nach links. Die Hände am Lenkrad zitterten. Ich sah sie im Schein der Instrumentenbeleuchtung. Mann, dem war der Schreck wirklich in die Knochen gefahren. Auch das tat mir gut, denn im Geschäft wurde Gilmore von allen für einen ziemlich harten Brocken gehalten.

Etwa fünf Kilometer fuhren wir die City Line entlang; Gilmore befolgte jeden Befehl, den ich ihm gab, wie ein neuer Schüler in den ersten paar Tagen dem Lehrer gehorcht. Die Pistole hielt ich ihm immer noch ins Genick; ich wollte, daß er weiter Angst hatte, bis wir aus dem Stadtzentrum waren. Danach spielte das keine Rolle mehr, denn es würde niemand da sein, um ihm zu helfen, selbst wenn er um Hilfe schrie.

Als wir zur Country Club Road kamen, ließ ich ihn nach rechts abbiegen. Weiter und weiter fuhren wir in freies Gelände hinaus. Wir waren keinem halben Dutzend Autos begegnet, als wir zu der unbefestigten Straße kamen, die zu dem alten, verlassenen Maclaren-Steinbruch führt. Weder vor uns noch hinter uns war ein anderes Auto in Sicht, und ich ließ Gilmore links in die Sandstraße einbiegen, halten und die Lichter ausschalten. Er gehorchte ohne ein Wort. Nach ein, zwei Minuten konnte ich annehmen, daß sich seine Augen an das schwache Licht der Sterne gewöhnt hatten, und ich sagte: »Und jetzt weiter, ganz langsam.«

Die Straße – sie führte nur zu dem verlassenen Steinbruch und wurde nicht mehr benutzt – war ausgefahren und voller Schlaglöcher. Gilmore hätte ohne Scheinwerfer sowieso nicht sehr schnell fahren können. Vor allem wollte ich aber auch nicht, daß eine Achse oder irgend etwas kaputtging, denn wenn ich mit ihm fertig war, brauchte ich das Auto ja noch.

Nach etwa sechs Kilometern kamen wir zu der Wendeschleife, wo früher die Lastwagen beladen worden waren. »Da rein«, sagte ich. Bei der Einfahrt stand noch ein verblichenes Schild mit der Aufschrift »Maclarens Steinbruch«. Na, als Gilmore das sah und begriff, wohin ich ihn dirigiert hatte, kam er ganz schön ins Zittern. Er glaubte wohl, ich wollte ihn umbringen und seine Leiche in den Grundwassersee schmeißen, denn er keuchte: »Oh, bitte... was...?« und brachte dann kein Wort mehr hervor.

»Halten Sie, und dann raus aus dem Auto«, sagte ich und versuchte, mein Geflüster eiskalt klingen zu lassen. Haben Sie schon mal versucht, eiskalt zu flüstern? Das ist nicht ganz einfach.

Jedenfalls, er hielt. »So, jetzt raus«, sagte ich. Durch das offene Fenster hielt ich weiter die Pistole auf ihn gerichtet. »Und jetzt zu dem Schild dort drüben.« Ich vertraute darauf, daß das Licht zu schwach war, als daß er meine Waffe als harmlose Plastikpistole hätte erkennen können, und scheuchte ihn damit zu dem Schild. Als er die ersten Schritte gemacht hatte, stieg ich aus und setzte mich hinter das Steuer. Ich rückte den Ganghebel ein und folgte ihm langsam um die Wendeschleife herum, bis er bei dem Schild angelangt war und auf meinen nächsten Befehl wartete.

Ich stoppte neben ihm und zischte ihm zu: »Hören Sie, ich tu' Ihnen nichts. Bis in die Stadt sind es mehr als zwölf Kilometer. Sie können jederzeit losgehen. O.K.?«

»Seine Erleichterung richtete ihn auf wie ein kalter Martini an einem heißen Tag. »O.K.«, antwortete er mühsam.

Ich fuhr die Straße zurück, die wir gekommen waren. Bevor ich die Country Club Road erreichte, nahm ich die Dracula-Maske ab und warf sie hinaus.

Auf dem Rückweg in die Stadt hielt ich nicht einmal, um das Geld in Gilmores Umschlag zu zählen, so eilig hatte ich es, zu Marsha zu kommen und mit ihr nach St. Louis zu fahren, wo wir heiraten wollten. Ich war der König der Welt.

Wer wäre das nicht gewesen? Marsha war wirklich ein Happen, ganz gleich, von welcher Seite man's sah, und ich wußte, daß sie mich liebte, weil sie mich heiraten wollte, trotz eines Versprechens gegenüber ihrer Mutter. Die aber war inzwischen gestorben. Versprechen zu brechen, war eindeutig gegen ihre Grundsätze, und daß ich das Geld für unsere Flitterwochen auf diese Weise vereinnahmte, war ebenfalls gegen ihre Prinzipien. Auch das zeigte also, wie sehr sie mich liebte.

Marsha kannte ich erst seit fünf Wochen. Schon das erste Mal, als ich in Joe's Grill ging und Marsha meine Bestellung aufnahm, hatte ich mich, zack!, in sie verknallt. Sie war eine Brünette mit gebleichten Strähnen im langen Haar, und für eine Bedienung in 'nem Lokal wie Joe's Grill war sie äußerst zurückhaltend. Sie schaute mich nicht mal an, als ich bestellte, aber ich sie schon, das dürfen Sie glauben. Als sie zur Küche ging, um meine Bestellung zu melden, Mann, das war wirklich ein Gang – sie verstehen schon, was ich meine.

An diesem ersten Abend bat ich sie nach Geschäftsschluß um eine Verabredung, aber sie ließ mich abfahren. In der folgenden Woche kam ich jeden Tag zum Abendessen und ließ mir immer einen Tisch geben, wo sie bediente, und schließlich verabredete sie sich tatsächlich mit mir. Als wir uns das erste Mal trafen, merkte ich dann, daß sie mich langsam mochte, denn sie fragte mich über meine Arbeit und alles und war richtig interessiert. Dann fragte sie auch nach meiner Familie, und ich sagte, ich hätte keine, weil ich mit sechzehn Waise geworden war. Sie auch, sagte sie, na ja, nicht so richtig vielleicht, weil ihr Alter wahrscheinlich noch irgendwo lebte. Im Jahr zuvor war er ohne ein Wort von zu Hause verschwunden, und

Marshas Mutter war gestorben, wahrscheinlich an gebrochenem Herzen, sagte Marsha, und so war sie praktisch auch eine Waise.

Also, da fühlten wir uns gleich richtig wie alte Freunde, Sie wissen ja, wie das ist, beide im gleichen Boot. Danach trafen wir uns jeden Abend, wenn Joe's Grill zumachte, außer am Mittwoch, wo Jackson's Department Store bis zehn auf hatte und ich bis nach elf Uhr bleiben mußte, weil ich noch Vorräte auffüllen und saubermachen muß und so. Ich arbeitete bei Jackson's im Lager – habe ich das schon gesagt? Glauben Sie mir, die Bezahlung war einfach ein Witz – ungefähr sechzig die Woche nach Abzug der Steuern – aber ich kam ganz gut damit aus, wenn ich mir's einteilte, und es reichte sogar für einen alten Schlitten aus dritter Hand.

Ich wußte, daß ich nicht mal dran denken durfte, Marsha einen Heiratsantrag zu machen, wo ich doch bloß sechzig Piepen die Woche heimtrug – sie selber verdiente ja tatsächlich mehr – aber bei ihr war einfach alles ganz anders als sonst. Also, eines Dienstag abends tranken wir bei Fenchys an der City Line noch ein paar Bier, und da machte ich ihr eben doch einen Antrag. Ich konnte meine Augen nicht von ihr wegkriegen, und meine Hände auch nicht, Sie wissen ja, so ein Mädchen wie Marsha muß man auch mal berühren, damit man weiß, daß sie wirklich da ist.

Als es heraus war, stellte sie ihr Bierglas hin, schaute mich mit ihren großen, blauen Augen an, legte ihre Hand auf meine, und ihre Stimme war ein bißchen heiser, als sie sagte:

»O Larry, das ist das Schönste, was mir jemals passiert ist! Du willst mich heiraten!«

»Ich bin nichts«, sagte ich einigermaßen verlegen. »Und du bist die großartigste Frau auf der Welt.«

»Liebst du mich?« sagte sie.

»Ich bin verrückt nach dir, Marsha. Warum würde ich dich sonst fragen, ob du mich heiraten willst?«

»Wegen meines Geldes ist es jedenfalls nicht, das weiß ich!«

Dann wurde sie wieder ernst und sagte: »Mein lieber Larry, dein Antrag ehrt mich sehr, aber es geht nicht.«

Mir wurde ganz flau im Magen, als sie das sagte. Aber so leicht gebe ich nicht auf. »Warum nicht«, fragte ich. »Ein bißchen magst du mich doch, oder?«

»Ob ich dich mag? Ich liebe dich, du Idiot! Aber heiraten kann ich dich trotzdem nicht. Ich hab's versprochen.«

»Versprochen? Wem?«

»Meiner verstorbenen Mutter«, sagte Marsha, und ihre Augen sind auf einmal sehr traurig.

Da war es also heraus, direkt auf dem Tisch mit dem Bier. Ich fragte ungläubig: »Du meinst, deine verstorbene Mutter hat dir ein Versprechen abgenommen, daß du nicht heiratest? Eine tolle Puppe wie du?«

»Ich hab ihr versprochen, nicht zu heiraten, bis ich einundzwanzig bin«, antwortete Marsha, »und jetzt bin ich erst neunzehn.«

Ich war überrascht. Mir kam sie wenigstens wie zweiundzwanzig vor. »Na ja«, sagte ich, »dann müssen wir halt noch zwei Jahre warten, hm, stimmt's?«

»Stimmt.« Tränen stiegen in ihre Augen. Sie wischte sie ab und trank noch einen Schluck Bier – todernst.

»Zwei Jahre sind eine lange Zeit, Marsha. Aber deine Mutter ... warum hat sie dir ein so blödes Versprechen abgenommen?«

»Weil *sie* meinen Vater heiratete, als sie achtzehn war, und sie glaubte, das war der Grund, warum die Ehe so schlecht ging«, erklärte Marsha. »Mom sagte, sie hätte mindestens warten sollen, bis sie einundzwanzig war, denn dann wäre sie älter und gescheiter gewesen und so. Dann hätte sie nicht den Fehler gemacht, einen Mann wie meinen Vater zu heiraten.«

»Sie wollte also, daß *du* älter und gescheiter bist, wenn du heiratest?«

»Ich mußte es ihr versprechen. Keinen Tag, ehe ich einundzwanzig bin. Aber da bin ich natürlich viel reifer als jetzt.«

Mein Blick ging zu ihrer Bluse. »Du bist schon jetzt reif genug für mich, Baby. Wenn du noch reifer wirst, halte ich es nicht mehr aus!«

Sie lächelte zaghaft. Für sehr witzig hielt sie das nicht, und ich auch nicht.

Ich wurde ernster und sagte: »Ich weiß, es ist nicht leicht, ein so feierliches Versprechen zu brechen, aber das haben schon viele getan, weißt du. Leute, die noch leben, müssen besser wissen, was gut für sie ist, als Tote, sage ich immer. Glaubst du nicht auch?«

Sie schüttelte den Kopf. »Ich hab's versprochen, und ich muß es auch halten. Versprechen darf man nicht brechen, Larry. Es ist gegen meine Grundsätze, verstehst du? Es tut mir furchtbar leid, weil ich dich wirklich liebe, Larry, und natürlich werde ich dich heiraten. Aber erst, wenn ich einundzwanzig bin.«

Ich gab noch nicht auf. »O.K., Baby«, sagte ich, »muß man denn heiraten? Heute tut das sowieso niemand mehr. Die nächsten zwei Jahre ziehst du einfach zu mir, und wir gehen weiter zur Arbeit, und dann, wenn du einundzwanzig bist...«

»Halt«, unterbrach sie mich. »Wirklich abscheulich, daß du so etwas vorschlägst! Können wir's nicht dabei lassen, wie es jetzt ist, und zwei Jahre warten?«

Ohne zu überlegen, sagte ich: »Nein. Das habe ich mit Gloria versucht, und es hat nicht geklappt.«

»Gloria?« Marsha fuhr ruckartig hoch.

Ich sagte: »Ja, ein Mädchen, das ich drei oder vier Jahre kannte. Sie ist Bardame drüben im Country Klub.«

»Und *die* wolltest du heiraten?«

»Nie im Leben. Ich hab' nur gemeint, wie, na ja, wie gute Freunde, verstehst du, aber es hat nicht geklappt, und deswegen...«

»Und triffst du diese... diese Gloria immer noch, Larry?«

»Nicht mehr, seit ich dich kenne, Liebling. Sie ruft mich noch ziemlich oft an und will wissen, warum ich nicht mehr in den Klub rüberkomme...«

»Du hast mir nie was von ihr erzählt«, sagte Marsha vorwurfsvoll. »Hast du zu der auch gesagt, daß du sie liebst?«

»Zu wem, zu Gloria?« prustete ich. »Also du hast vielleicht Ideen. Zu der doch nicht. Sie hat eine schöne Figur, na ja, und ganz nett ist sie auch...«

»Hör auf!« Marsha sah mir streng in die Augen. »Wenn ich dich nicht heirate und auch nicht zu dir ziehe, dann gehst du zu dieser... dieser Bardame zurück – ist es das, was du mir sagen willst, Larry?«

»Aber nein, überhaupt nicht!« Ich legte mein ganzes Herz hinein. »Keine Rede davon! Ich liebe *dich*, Marsha, und ich bin zu allem bereit, was sein muß wegen deines Versprechens, Marsha. Aber...«

»Das ist nicht dein Ernst!« fuhr sie mich an. »Du rennst zu diesem Flittchen zurück, sobald ich dir aus den Augen bin!«

Als ich sah, wie gut die Geschichte mit Gloria wirkte, gab ich noch ein bißchen mehr Druck. »Na ja«, sagte ich, »ich *könnte* mich ja wohl wieder mit Gloria treffen, wenn du mich nicht heiratest. Nicht, weil ich möchte, verstehst du, sondern einfach aus Frustration. Das ist einfach nichts, wenn man jemand liebt, und jeden Abend bloß bei ihr Roastbeef bestellt, statt daß man sein eigenes Heim hat und miteinander am Herd steht, während sie selbst das Steak brät ... und –«

Sie fiel mir ins Wort. »Ich heirate dich, Larry«, sagte sie. In ihren Augen waren jetzt keine Tränen mehr, ihr Blick sprühte Funken. »Trotz meines Versprechens heirate ich dich. Ich lasse nicht zu, daß diese ... diese Bardame dich noch mal in ihre Klauen kriegt, wenn ich's verhindern kann. Und wenn ich mein Versprechen nicht einhalten kann!«

»So ist es richtig!« rief ich. »Jetzt redest du endlich vernünftig, Baby.« Ich drückte ihre Hand. »Wann?«

»Wann du willst, Liebling. Wohin machen wir unsere Hochzeitsreise?«

Ich schluckte. »Hochzeitsreise? An eine Hochzeitsreise habe ich noch gar nicht gedacht, Marsha. Ich habe nichts gespart. Und du?«

»Keinen Cent. Mein Gehalt und das Trinkgeld in Joe's Grill, mehr habe ich nicht.«

»Also«, sagte ich, »dann vergessen wir vorerst die Hochzeitsreise und arbeiten erst mal weiter, bis es uns finanziell etwas besser geht. Was meinst du?«

Marshas Miene wurde widerspenstig. »Ich sage nein«, erklärte sie mit Bestimmtheit. »Ich breche nicht das Versprechen, das ich meiner Mutter gegeben habe, und dann kriege ich nicht mal eine Hochzeitsreise dafür! Mom war immer der Meinung, einer der Gründe, warum ihre Ehe nicht klappte, war, daß sie keine Hochzeitsreise gemacht hatten. Sie und mein Vater arbeiteten einfach weiter, als ob nichts gewesen wäre.«

»*Du* bist gewesen«, erklärte ich ihr. »Das ist doch schon etwas.«

Sie wurde rot. Sie war ein bißchen schüchtern, wie ich schon sagte. »Ich meine es nicht so, Larry. Ich meine, eine Hochzeitsreise, da versteht man sich von Anfang an viel, viel besser als wenn man keine macht, glaubst du nicht?«

»Sicher. Aber wo kriegen wir soviel Geld her? Ich habe jetzt schon mehr Schulden, als ich nächsten Monat ausbezahlt kriege.«

»Das ist wohl eher dein Problem«, lächelte Marsha, und ihr Blick erlaubte keinen Widerspruch.

Nach einer Weile sagte ich: »Ich kriege das Geld irgendwie, Marsha, keine Sorge. Und wenn ich es klauen muß.«

»Larry!«

»Mir kommst du jetzt nicht mehr aus, Baby.«

In der Nacht lag ich dann stundenlang wach und zerbrach mir den Kopf, wo ich das Geld für eine Hochzeitsreise herkriegen sollte. Schließlich hatte ich eine Idee, und am nächsten Abend erzählte ich Marsha davon.

»Das wäre gar nicht geklaut, verstehst du«, sagte ich. »Alles zahlt die Versicherung. Niemand wird dabei was verlieren außer der Versicherungsgesellschaft.«

»Es ist trotzdem geklaut.« Marsha hatte wieder diesen widerspenstigen Ausdruck.

»Aber so sicher und einfach, Marsha. Mit drei-, viertausend Dollar, das wäre wirklich eine Hochzeitsreise, findest du nicht?«

»Mit so viel Geld könnten wir in Pension gehen«, murmelte Marsha beeindruckt.

»Wir könnten nach St. Louis fahren und dort heiraten. Wir könnten...«

»Red nicht davon.« Marsha kriegte Bedenken.

»Hör zu«, fuhr ich fort, »Jackson's hat jeden Mittwoch bis zehn Uhr auf, ja? Und wenn wir zumachen, nimmt Mr. Gilmore...«

»Wer ist denn das?«

»Unser Kassierer. Auf dem Nachhauseweg bringt er die Einnahmen zum Nachttresor der Columbia Bank. Das ist gegen elf.«

»Woher weißt du das?«

»Weil Gilmore mal an einem Mittwoch abend vier von uns Lohnsklaven mitgenommen hat. Und da hat er genau das getan – die Geldbombe in den Nachttresor der Columbia Bank geworfen.«

»Und du glaubst, du kannst den Nachttresor ausrauben?« höhnte Marsha.

»Na klar. Mit ein paar Zahnstochern.«

»Hör auf damit, Larry.« Sie lachte.

»Es ist mein Ernst. Mit ein paar Zahnstochern.«

Jetzt wurde sie neugierig. »Wie denn?«

»Ich sehe zu, daß ich vor Gilmore bei der Bank bin. Dann stecke ich ein paar Zahnstocher in das Schlüsselloch der Nachtbox und breche sie ab. Wenn Gilmore aufsperren will, kriegt er den Schlüssel nicht rein. Also muß er das Geld ins Geschäft zurückbringen oder nach Hause mitnehmen, verstehst du? Bloß, während er da an dem Schloß rumfummelt, steig' ich von der anderen Seite in den Fond seines Autos. Wenn er mit dem Geld zurückkommt und einsteigt, warte ich schon auf ihn. Ich halte ihn mit einer Spielzeugpistole in Schach – ganz ungefährlich, nicht wahr? – und nehme das Geld. Dann lasse ich mich an eine einsame Stelle fahren. Dort setze ich ihn ab, fahre in die Stadt zurück und hole dich in *meinem* Auto, und wir sind auf dem Weg nach St. Louis, bevor der alte Gilmore die nächste Telefonzelle auch nur von weitem sieht. Und daß ich es war, darauf kommt er nie. Ich trage eine Maske. Ganz schön clever, nicht wahr?«

Marshas Mund stand offen, während sie zuhörte, aber sie hörte zu. »Er wird deine Stimme erkennen, Larry«, wandte sie ein.

»Daran habe ich gedacht. Ich flüstere. Wenn jemand flüstert, ist seine Stimme nicht zu erkennen.«

Marsha holte tief Atem. »Abscheulich und verbrecherisch ist das! Ich lasse nicht zu, daß du so was tust bloß wegen unserer Hochzeitsreise.«

Das ärgerte mich ein bißchen, weil ich meinen Plan für sehr gut hielt. »Also schön«, sagte ich, »aber mein Plan würde klappen, Liebling. Ich *weiß* das. Die meisten Mädchen würden keine Umstände machen, wenn es darum geht, den Mann, den sie lieben, zu heiraten oder nicht. Gloria würde keine Sekunde zögern, da wette ich vier zu eins.«

Ich beobachtete sie genau. »Gloria ist...«

»Sie hat eine gute Figur und ist nett, sonst gar nichts«, fauchte Marsha mit blitzenden Augen. Dann blieb sie still, und ihr Schweigen kam mir sehr lange vor. Schließlich sagte sie, als hätte sie einen Kloß in der Kehle: »Also gut, Larry. Ich liebe dich wirklich, und ich möchte dich heiraten.«

Damit war alles klar. Schon am kommenden Mittwoch sollte die Sache steigen.

»Und unsere Jobs?« fragte Marsha.

»Vom nächsten Mittwoch ab nehmen wir Urlaub. Wenn das nicht geht, kündigen wir.«

Wir entschieden, daß Marsha mich am Mittwoch abend ein paar Minuten vor elf Uhr mit dem Auto zur Columbia Bank bringen sollte. Dann würde sie zum Kelly Square fahren. Auch ich würde dorthin kommen, nachdem ich Gilmore irgendwo außerhalb der Stadt abgesetzt hatte.

Jetzt, da Gilmore irgendwo beim Steinbruch herumstolperte und ich mit dem Geld für die Hochzeitsreise zu Marsha unterwegs war, war ich natürlich bestens in Stimmung. Ich tätschelte das dicke braune Kuvert. Mindestens drei- bis viertausend Dollar mußte da drin sein, dachte ich.

Es war Viertel vor zwölf, als ich zum Kelly Square kam. Nur vier oder fünf Wagen waren am Randstein geparkt, und mein altes Auto, bestens hergerichtet für die Fahrt nach St. Louis war eines davon.

Ich hielt auf der gegenüberliegenden Straßenseite, schaltete die Lichter aus und stellte den Motor von Gilmores Wagen ab. Die Schlüssel ließ ich im Zündschloß. Dann nahm ich das Kuvert unter den Arm, überquerte die Straße und war mit ein paar schnellen Schritten bei meinem Auto. Ich hatte es eilig, das Geld zu zählen und Marsha von meiner ersten kriminellen Tat zu berichten. Ich konnte aber nicht mit ihr reden, denn als ich ins Auto schaute, war Marsha nicht da. Ich wollte die Tür aufmachen, aber sie war verschlossen.

Wo war Marsha? Ich hörte, wie mein Herz zu hämmern begann, und irgend etwas drückte auf meinen Magen wie ein Zentnergewicht. Ich hatte Angst.

Dann dachte ich, na klar, sie hat sich irgendwo um die Ecke Kaffee und ein Sandwich gekauft oder vertreibt sich die Zeit, bis ich komme, und das Auto hat sie natürlich zugesperrt, weil unsere ganzen Klamotten für die Hochzeitsreise da drin sind.

Aber sie waren nicht drin. Ich schaute noch mal durchs Fenster und sah, daß Marshas Koffer nicht da war. Meiner war noch da, aber ihrer war weg.

Allmählich wurde mir mulmig. Wenn es sich Marsha in letzter Minute anders überlegt hatte und mich nicht mehr heiraten wollte, O.K. Aber warum sollte sie mich einfach so stehenlassen – mit geklautem Geld in der Hand, einem gestohlenen Auto ein paar Meter von mir entfernt, das eigene Auto versperrt und nicht einmal eine Nachricht von ihr? Plötzlich hatte ich das bestimmte Gefühl, daß ich so schnell wie möglich verschwinden mußte.

Mir fiel ein, daß in einer Magnetbox in der vorderen Stoßstange der Reserveschlüssel war. Ich angelte ihn hervor und steckte ihn in das Schloß der Fahrertür. Das heißt, ich versuchte es. Der Schlüssel ging nicht hinein. Irgend etwas blockierte ihn. Ich lief um den Wagen herum zur anderen Tür, aber auch dieses Schloß war blockiert.

Ich fummelte immer noch verzweifelt daran herum, als ich auf einmal Schritte hörte. Ich drehte den Kopf gerade so weit, daß ich zwei uniformierte Polizisten sah, die aus einem Zivilauto hinter dem meinen ausstiegen und auf mich zukamen. Sie liefen nicht, gingen aber auch nicht gerade langsam. Einer von ihnen knöpfte seine Pistolentasche auf.

Dann – endlich – verstand ich. Marsha hatte mir doch eine Botschaft hinterlassen. Ich bückte mich und spähte in das Schlüsselloch der Autotür. Und da waren sie: Zwei abgebrochene Zahnstocher steckten darin.

Ist das nicht verrückt? Zuerst packte mich eine solche Wut, daß ich in keine Zwangsjacke mehr gepaßt hätte. Die Bullen hatten offenbar schon vorher gewußt, daß ich zum Kelly Square kommen würde, und warteten dort auf mich. Was Marsha mit den abgebrochenen Zahnstochern gemeint hatte, war also nicht schwer zu erraten.

Als hätte sie es mir schriftlich hinterlassen, so unmißverständlich sagte mir Marsha hier: »Mein lieber Larry, das ist für mich die einzige Möglichkeit, wie ich dich von dieser... dieser Bardame Gloria fernhalten kann, bis ich einundzwanzig bin. Wenn du dann noch magst, frag mich noch einmal, ob ich dich heiraten will.«

Wissen Sie was? Vielleicht tu' ich's wirklich, wenn ich herauskomme.

Ein Mädchen, das so viel tut, um ein Versprechen, das es seiner Mutter gegeben hat, halten zu können, kann eigentlich nicht so schlecht sein.

Originaltitel: A MESSAGE FROM MARSHA, 11/72
Übersetzt von Dolf Strasser

Leslie Alan Horvitz

Ein Sommer in der Neptune Street

»Rien n'est mort que ce qui n'existe pas encore«
(Nichts ist tot, als was noch nicht gewesen)

Apollinaire

GEGEN SECHS

Später, als der Sommer vorbei war und wir uns hinsetzen konnten um in Ruhe darüber nachzudenken, was geschehen war, merkten wir, daß unsere Überlegungen falsch gewesen waren, oder auch richtig, bloß aus den falschen Gründen. Daß unser Blick verzerrt gewesen war durch das, was wir hatten sehen wollen, und daß wir hauptsächlich dort nach Antworten gesucht hatten, wo keine zu finden waren.

Es war gegen Ende Juni, als ich in das Haus in der Neptune Street zog, die zu der kleinen Siedlung Harbor Light gehört. Unter einer Straße stellt man sich für gewöhnlich etwas vor, auf dem Autos verkehren, aber nichts entsprach weniger den Tatsachen. Eigentlich war die Neptune Street mehr ein Fußpfad, und überhaupt gab es auf ganz Meridian Island kaum Straßen im eigentlichen Sinn. Es gab auch keine nennenswerten Fahrzeuge, abgesehen von Polizei- und Feuerwehrautos und von Krankenwagen. Nur am westlichen Zipfel der Insel, wo ein Damm vom Festland zu einem öffentlichen Strand führte, waren Autos zugelassen. Überall sonst waren sie verboten.

Autos waren nicht das einzige, was auf Meridian Island verboten war. Ebenfalls unerlaubt war es, am Strand zu essen, zu trinken, zu schlafen oder sich zu entkleiden. Die Verwaltungen der verschiedenen Siedlungen waren überaus strikt bei der Durchsetzung dieser Verordnungen. Im Jahr vor meiner Ankunft auf der Insel wurde z. B. ein junges Paar verhaftet, für schuldig befunden und zu einer Geldstrafe verurteilt, weil es das Verbrechen begangen hatte, in aller Öffentlichkeit Vanilleeis zu verspeisen. Ironischerweise hatte Meridian Island jedoch auch den Ruf eines Ortes, an dem man einer irritierend großen Auswahl verbotener Rauschmittel oder einer gleichermaßen irritierenden Vielfalt sexueller Praktiken frönen konnte, die auf dem Festland allesamt verpönt waren. Bei den zügellosen Ausschweifungen, die überall stattfanden, schien es manchmal wie ein Wunder, daß so viele Leute es schafften, sich bis zu den ersten, kühlen Herbstnächten am Leben zu halten.

Vom äußersten Osten bis zum äußersten Westen erstreckte sich Meridian Island über dreißig Meilen, aber im Grunde genommen war die Insel nicht mehr als eine Sandbank, die man von der Buchtseite bis zur Meerseite in weniger als fünf Minuten durchqueren konnte. Ich hatte Geschichten darüber gehört, daß der große Hurrikan von 1936 mehrere Häuser an der Meerseite hochgerissen und auf der Buchtseite wieder fallengelassen hatte. Die Besitzer hatten sich den Launen des Windes, wenn nicht gar des Schicksals gebeugt und ihre Häuser an der neuen Stelle wieder aufgebaut. Ob diese Geschichten nun auf Wahrheit beruhten oder nicht, spielt keine Rolle. Sie illustrieren jedoch, wie schmal die Insel ist, und wie gefährdet. Ich jedenfalls erwarte, sie eines Tages in einem weiteren, gewaltigen Sturm untergehen zu sehen, um niemals wieder aufzutauchen.

Das Haus, das ich bewohnte, lag auf der Buchtseite. Es war ein bescheidenes, zweistöckiges Holzhaus mit verwitterten Dachschindeln und mit Türen, die sich nie richtig schließen lassen wollten. Nicht etwa, daß ich mir die Miete eines solchen Sommerhauses hätte leisten können – viele von ihnen kosteten pro Saison fünfzehn- bis zwanzigtausend Dollar – aber ich hatte einen Freund, der den Sommer in Europa verbrachte und jemanden brauchte, der in seiner Abwesenheit auf das Haus aufpaßte.

Als ich Lise Cummings zum ersten Mal sah, saß ich in meinem Schlafzimmer im ersten Stock. Durch das Fenster fiel der Blick auf den Hof und die hintere Terrasse des nächsten Hauses. Es war viel größer und ausladender als das, in dem ich wohnte. Später erfuhr ich, daß es von einem Architekten entworfen worden war, der die Pläne für einen großstädtischen Flughafen gemacht hatte, und erst da lernte ich die Bauweise richtig schätzen. Der Hauptteil des Hauses verzweigte sich in drei Flügel, in denen je ein Schlafzimmer mit eigenem Bad untergebracht war. Außerdem gab es noch ein kleines Gästehaus mit einem weiteren Schlafzimmer mit Bad. Vom richtigen Standpunkt aus betrachtet, erinnerte das Haus stark an ein Flughafengebäude.

Bis Mitternacht erstrahlten die Fenster immer in hellem Licht. Ich konnte Stimmen und Gelächter hören, manchmal von einem Mann und einer Frau, manchmal von mehreren Leuten. Immer hatte ich den Eindruck, daß die Leute im Haus sich sehr glücklich anhörten. Die da drüben wissen, wie man leben muß, dachte ich. Spät nachts, wenn die Lichter ausgingen, fiel mir dann das Gerät auf, das sie in ihrem Garten installiert hatten, um die Mücken abzuwehren, die sich zu dicht an das Haus heranwagten. Ich sah kleine Lichtblitze und hörte elektrisches Knistern, was jeweils das schnelle Ende eines weiteren Insekts verkündete. Da der Juni in diesem Jahr ungewöhnlich feucht gewesen war, gab es mehr Mücken als je, und so kam es, daß es jede Nacht ganz schön viel knisterte.

Mein Sommeraufenthalt auf Meridian Island war verbunden mit der Hoffnung, die Ruhe und Einsamkeit zu finden, die ich für meine augenblickliche Arbeit für notwendig hielt. Bei dieser Arbeit ging es um die Sammlung umfangreicher Informationen für einen relativ bekannten Schriftsteller, dessen Namen ich an dieser Stelle lieber unerwähnt lassen möchte. Er schrieb an einem Roman, für den er eine große Zahl von Fakten benötigte, und meine Aufgabe war es, diese Fakten zu sammeln und in zusammenhängende Form zu bringen.

Mein Freund hatte mir lebhaft versichert, Harbor Light sei im Gegensatz zu den zahlreichen beliebteren und populäreren Siedlungen auf Meridian Island ein ruhiger Ort, mehr eine Familiensiedlung, in der laute Parties bis zum Morgengrauen verpönt und das Wohnen in gemischten Gruppen zumindest in der Theorie unerlaubt war. Eigentlich, hatte er gesagt, dürfte ich kein Problem damit haben, meine Arbeit pünktlich bis zum Abgabetermin am fünfzehnten September abzuschließen. Mit nur einem Lebensmittelladen, einem Spirituosengeschäft und einem Maklerbüro, das ich kein einziges Mal für Kunden geöffnet sah, bot Harbor Light wirklich nicht viel Abwechslung. Kurz gesagt, war nichts als Ruhe und Frieden zu erwarten.

Ruhe und Frieden jedoch waren mir in diesem Sommer in Harbor Light nicht vergönnt. Aber vielleicht hatte ich mir das auch von Anfang an gar nicht wirklich erhofft.

Ich hatte keine Ahnung, wer Lise Cummings war, als ich sie das erste Mal sah. Nach einer Woche auf der Insel kannte ich die Bewohner von Harbor Light noch nicht gut genug, um zu wissen, wer nun wer war. Sicher gab es schon ein paar Gesichter, die mir bekannt vorkamen, aber das war auch alles.

Als erstes fiel mir nicht auf, wie hübsch sie war – und das war sie, hübsch, nicht schön, aber hübsch in der großen, amerikanischen Tradition des »Mädchens von nebenan« –, sondern wie interessant sie aussah. Es war irgend etwas in ihren Augen, oder in ihrem Lachen, das hell und ansteckend war, oder in der Art, wie ihr Haar unter der Sonne rot aufleuchtete und dann wieder in warmem Blond schimmerte, wenn sie in den Schatten trat. Auf jeden Fall war mein erster Eindruck der eines Menschen, dessen Bekanntschaft ich gerne gemacht hätte.

An diesem ersten Spätnachmittag trug sie einen weißen, knöchellangen Bademantel, der fast durchsichtig wirkte. Je nachdem, wie das Licht auf sie fiel, schien ihr Körper als eine lockende Silhouette darunter sichtbar zu sein. Aber aus der Ferne meines Schlafzimmerfensters war ich mir nicht völlig sicher.

Etwa eine Minute, nachdem sie auf der Terrasse erschienen war, ging die Tür des Hauses auf, und ein kleines Mädchen kam heraus. Es bewegte sich unbeholfen, als sei jeder Schritt ein völlig neues Experiment, was vielleicht auch so war. Das Mädchen konnte nicht viel älter als zwei Jahre sein. Es hatte kurzes, unverschämt blondes Haar und ein Puppengesichtchen mit einer kleinen Stupsnase.

»Mami!« rief die Kleine und lief zu der Frau im Bademantel.

Das kleine Mädchen war nackt, und als die Mutter es aufhob und in die Arme nahm, vermischten sich zwei verschieden blonde Haarschöpfe, einer eine Spur goldener als der andere. »Dann mal los, mein Schatz«, sagte die Frau. »Es ist Zeit, daß wir dich in die Badewanne stecken.«

Und dann gingen die beiden ins Haus. Die Tür, die in der Stille des Nachmittags hinter ihnen zufiel, klang ungewöhnlich laut, fast wie ein Schuß.

Es gab auch einen Vater und Ehemann, Sean Cummings mit Namen, den ich kurz darauf ebenfalls zu sehen bekam. Ich hätte alles darauf gewettet, daß das kleine Mädchen, das übrigens Hillary hieß, das blonde Haar von ihm geerbt hatte, denn seins war ein gutes Stück heller als das seiner Frau. Er war groß und kräftig, vielleicht Anfang Dreißig, und so athletisch gebaut, daß alles an ihm danach schrie, Tennisprofi zu werden. Aber er war kein Tennisprofi, wenn er auch ziemlich viel auf den Plätzen spielte, die am Ende der Siedlung lagen, zwischen Harbor Light und Canticle.

Ich gewöhnte mir an, lange Spaziergänge zu machen. Wenn ich an einen Punkt kam, an dem die Zeilen vor meinen Augen verschwammen, klappte ich die Bücher zu und marschierte los, um wieder einen klaren Kopf zu bekommen. Manchmal führten diese Spaziergänge mich weiter, als ich vorgehabt hatte. Und so kam es auch, daß ich mich wenige Tage, nachdem ich die ganze Familie Cummings (Vater, Mutter und Tochter) zum ersten Mal beim Abendessen auf der Terrasse zusammen gesehen hatte, plötzlich in Aerie wiederfand, einer Siedlung etwa fünf Meilen östlich von Harbor Light.

Aerie war nicht so geruhsam wie Harbor Light. Ursprünglich homosexuell geprägt, hatte der Ruf der Siedlung, Aufregung und verbotene, perverse Vergnügungen zu bieten, nicht unerwartet auch eine ganze Anzahl von Heterosexuellen angelockt. Und während Nacktheit weiter im Westen jenseits der Grenzen des Erlaubten lag, gab es hier keinerlei derartige Einschränkungen. Der Strand von Aerie bot ein freizügiges Schauspiel gebräunter und eingeölter Haut. Gelegentlich stieß man auf ein Paar, das sich in so leidenschaftlicher Selbstvergessenheit umschlungen hielt, daß man nur mit Mühe den Blick abwenden konnte. Aber natürlich zwang man sich dazu und starrte nicht hin. In Aerie galt das Motto, daß jeder das Recht hatte, das zu tun, was ihm Spaß machte.

Wenn die Polizei einen jedoch erwischte, wenn man mit einer offenen Bierdose durch die Straßen ging, wurde man unverzüglich mitgenommen und mußte fünfzig Dollar Strafe berappen.

Da ich nach meinem langen Marsch hierher durstig war, ging ich in eine Bar, die im Grunde genommen eine ganze Gruppe von Bars war, angesiedelt in einem riesigen Komplex, in dem sich auch eine Discothek befand, ein Swimmingpool von olympischen Ausmaßen, eine Boutique und ein Restaurant. Der Komplex hieß Rock Candy und war zu jeder Tages- und Nachtzeit erfüllt vom Donner endloser Disco-Hits: Kool and the Gang, Aretha Franklin, Howard Johnson, Steve Miller, Hall and Oates, Stevie Wonder, Rolls Royce, Chaka Khan, und auch die Human League mit ihrer Klage: »Don't you want me, Baby?«

Ich setzte mich an die Bar und merkte plötzlich, daß ich einen Mann anstarrte, der mir so vertraut vorkam, daß ich sicher war, ihn von irgendwoher zu kennen. Die Art, wie auch er mich ansah, ließ darauf schließen, daß er dasselbe dachte, aber es dauerte noch einen Augenblick, bis mir klar wurde, daß es Sean war. Bei ihm war eine Frau, die das schwarze Haar verführerisch in Zöpfe geflochten hatte. Sie trug ein schulterfreies, rosa Hemd, das nur bis knapp unter die

Taille ging, und sie war bemerkenswert schön. Die Art, wie sie ihn bei jeder Gelegenheit berührte und die nackten Beine an seine schmiegte, ließ keinen Zweifel daran, daß sie seine Geliebte war.

Sie unterhielten sich noch eine Weile, leerten dann den Rest ihrer Gläser, standen auf und schlenderten Arm in Arm zum Ausgang.

Es kam mir nicht richtig vor, länger zu bleiben, aber ich wollte auch nicht zu schnell gehen, damit ich ihnen nicht noch einmal über den Weg lief.

Die einzige Möglichkeit, nach Aerie oder überhaupt zu irgendeiner Stelle der Insel zu gelangen, außer zu Fuß zu gehen, war die Fähre, eigentlich mehr ein Wassertaxidienst. Man mußte telefonisch Plätze reservieren. Wahrscheinlich hatte Sean keine Hemmungen, sich selbst im hellen Tageslicht mit seiner Geliebten in Aerie sehen zu lassen, weil es so weit von Harbor Light entfernt war. Auf Meridian Island hatten die Leute die Angewohnheit, an dem einmal gewählten Ort zu bleiben, außer am Wochenende. Dann machten sich die Paare auf den Weg nach Aerie, oder The Eves, oder Sea Gate, um sich die Abwechslung zu holen, die ihnen zu Hause nicht geboten wurde.

Zufällig traf ich schon am nächsten Tag im Lebensmittelgeschäft Lise und ihre Tochter, deren ganzes Gesicht mit dem Schokoladeneis verschmiert war, das sie zu essen versuchte. Wir lächelten uns zu, aber sie war es, die mich ansprach. »Sie wohnen doch in Jasons Haus, nicht wahr?«

Ich bejahte.

Sie erklärte, daß sie eine Freundin von Jason sei. »Eine Sommerfreundin«, lachte sie, »aber nichtsdestoweniger eine Freundin.« Und sie hatte sich schon gewundert, was aus ihm geworden war.

Als ich ihr erzählte, daß er den Sommer über durch Europa reiste, nickte sie zufrieden. »Wir müssen jetzt gehen, aber kommen Sie doch einfach mal bei uns vorbei. Dann können wir uns ein bißchen ausführlicher unterhalten.«

Ich nahm an, daß sie einfach nur höflich sein wollte, aber das war nicht der Fall. Als wir uns nämlich ein paar Tage später wieder begegneten, ich auf dem Weg die Neptune Street entlang zum Strand, sie auf dem Rückweg, begrüßte sie mich wie einen alten Freund. »Sie sehen aber gar nicht strandgerecht aus«, sagte sie.

»Ich gehe auch nur ein Stück spazieren. Gleich muß ich wieder an die Arbeit zurück.«

»Arbeit? Arbeiten Sie etwa hier?«

Der Gedanke schien ihr offensichtlich sehr ungewöhnlich vorzukommen. Selbst als ich ihr erzählte, was genau ich machte, sah sie immer noch eine Spur verwirrt aus. »Ich habe noch nie jemanden gekannt, der Forschungsarbeiten machte«, sagte sie. »Aber wenn Sie gegen sechs ein paar Minuten Zeit haben, kommen Sie doch rüber. Wir geben eine kleine Cocktailparty.«

Gegen sechs war ich oben in meinem Schlafzimmer und beobachtete die Vorbereitungen für die Party, die auf der Nachbarterrasse getroffen wurden. Das war einer der Vorteile meines Hauses. Ich dachte mir, daß ich erst einmal sehen würde, was die anderen Gäste für einen Eindruck machten, ehe ich mich entschied, ob ich hinübergehen würde oder nicht.

Eine ganze Weile waren nur Lise und Hillary zu sehen. Aber dann trafen allmählich die anderen ein, manche sehr elegant, andere sehr verführerisch gekleidet, und manche wiederum in den Sachen, die sie am Strand angehabt hatten. Keiner der Ankömmlinge erregte jedoch meine Aufmerksamkeit so wie eine Frau, die in einem auffallenden, ärmellosen schwarzen Kleid erschien. Es war die Frau, die ich im Rock Candy mit Sean gesehen hatte. Wieso war *sie* da? fragte ich mich, legte meine Arbeit beiseite und ging hinüber zur Party.

Sean kam erst eine Weile später. Er hatte Tennis gespielt, sagte er, und dabei die Zeit völlig vergessen. Immer noch im weißen Dreß entschuldigte er sich und ging nach oben, um zu duschen.

Lise war eine perfekte Gastgeberin. Auf der Terrasse hatten sich noch nicht so viele Gäste versammelt, daß Vorstellungen nicht mehr in Frage kamen.

Die Frau im schwarzen Kleid vor allem wollte ich unbedingt kennenlernen. Sie hieß Kathy Barnes. Das Haar hatte sie heute nicht zu Zöpfen geflochten, sondern ließ es glatt über ihre Schultern fallen. »Wie gut kennen Sie Lise?« fragte sie.

»Gar nicht«, sagte ich.

»Aha«, sagte sie und schien mich prüfend anzusehen. »Sie waren doch neulich im Rock Candy, nicht wahr? An der Bar?«

Wenn ich genau hinhörte, konnte ich oben Seans Dusche hören. Das Badezimmerfenster ging auf die Terrasse hinaus.

Ich sagte, das stimme.

»Dann wissen Sie wahrscheinlich mehr, als Sie wissen sollten«, sagte sie, klang aber nicht sehr beunruhigt. Ich merkte, daß es mir leichtfallen würde, sie zu mögen.

»Sie werden sehen, daß ich sehr diskret bin.«

Was für ein Anfang für eine neue Bekanntschaft, dachte ich.

Obwohl ich weder mit Lise noch mit dieser Frau mehr als ein paar Sätze gewechselt hatte, hatte ich wahrscheinlich einen besseren Einblick in das, was zwischen ihnen vorging, als die meisten ihrer engeren Freunde. Was nicht etwa heißen soll, daß es keine unangenehme Situation gewesen wäre.

Als Sean schließlich herunterkam, begrüßte er mich herzlich, aber nichts in seinem Verhalten ließ darauf schließen, daß er sich noch von Aerie her an mich erinnerte. Mir fiel auf, daß er Kathy genau wie die anderen Gäste behandelte, vielleicht sogar mit einer Spur mehr Zurückhaltung, und für die Dauer der Cocktailparty schien er sein Möglichstes zu tun, ihr auszuweichen. Kein Zweifel. Die Affäre der beiden sollte ein Geheimnis bleiben.

Es war Kathy, die mir erzählte, daß Sean sich seinen Wohlstand selbst erarbeitet hatte, daß ich im Wohnzimmer des Hauses das Computerterminal sehen könnte, über das er seine Börsentransaktionen abwickelte, die ihm das Geld einbrachten, das er für den Unterhalt seiner Familie brauchte. Sie erzählte mir auch, daß Sean und Lise seit etwa mehr als drei Jahren verheiratet waren, den Großteil des Jahres auf der Insel verbrachten und sie nur in den ganz besonders trostlosen und unfreundlichen Wintermonaten verließen.

Kathy selbst war Graphikerin, »vorübergehend ohne Arbeit«, wie sie sagte. »Ich wurde im Mai entlassen und entschied, daß ich es mir leisten könnte, den Sommer über zu faulenzen. Ich habe ein bißchen Geld gespart, und im September suche ich mir dann eine neue Arbeit.«

Obwohl ich mir darüber klar war, daß ich mich vielleicht auf verräterisches Gelände begab, fragte ich sie, woher sie Lise und Sean kannte.

»Eigentlich durch Lise. Wir haben uns im Marietta drüben in Sea Gate kennengelernt, als wir beide einmal allein aus waren. Es hat einfach geklickt zwischen uns.« Sie zögerte, als wisse sie nicht, was sie als nächstes sagen sollte. »Glauben Sie mir, das zwischen Sean und mir hat uns beide überrascht. Wir wollten Lise nicht weh tun. Sie ist eine so warme und liebevolle und so vertrauensvolle Person. Wenn ich nur wüßte, wie das alles enden soll.«

In den darauffolgenden Tagen fing ich an, die Cummings öfter zu besuchen, vielleicht weil es mir schien, daß ihr Leben ein Treibhaus voller Aufregungen war im Vergleich zu meiner ruhigen Existenz. Immer herrschte dort die Erwartung, daß irgend etwas passieren könnte, obwohl ich keine Dramen miterlebte, keine Ausbrüche, nichts als warme, entspannte Häuslichkeit. Sean und Lise schienen wunderbar miteinander auszukommen. Sie zogen sich gegenseitig auf, lachten viel und schienen sich nie zu streiten. Und wenn man ein Kind als eine Art Barometer für vorherrschende emotionale Störungen betrachten kann, dann war Hillary der beste Beweis, den Sean und Lise anführen konnten. Ich könnte mich nicht erinnern, je ein glücklicheres kleines Mädchen gesehen zu haben.

Und so vergaß ich denn auch fast, daß Sean eine Affäre mit Kathy hatte. Manchmal dachte ich, alles sei vorbei und die Sache hätte sich irgendwie totgelaufen. Ich muß gestehen, daß ich genau das hoffte, und nicht nur, weil es um die Ehe der Cummings ging.

Ich mochte Lise sehr gern und wollte sie nicht leiden sehen. Auch mit Hillary hatte ich mich angefreundet und fühlte mich nach einer Weile fast wie ein Familienmitglied.

Sean gernzuhaben fiel mir schwerer. Er war mir zu sehr der Goldjunge, dem Geld und Frauen in den Schoß fielen. Aber hinter der frivolen Fassade, die er der Welt zeigte, war eine ernsthafte, kristallklare Intelligenz an der Arbeit.

»Ich glaube, daß wir einfach intensiver leben müssen«, sagte er zu mir. »Daß wir versuchen müssen, an die Grenzen aller Dinge vorzudringen. Das hier ist nur eine Phase in meinem Leben.« Damit meinte er, vermutete ich, seine Familie, sein riesiges Sommerhaus, seine Beschäftigung auf dem Börsenmarkt. »Eines Tages werde ich mich selbst packen und in eine Situation bringen müssen, die ich vielleicht nicht meistern kann.«

»Was meinen Sie damit? Etwa eine Saharadurchquerung auf dem Kamelrücken?«

Er zuckte die Schultern. »Vielleicht eine Expedition in die Antarktis. Ich habe solche Sachen schon gemacht. Ich habe in der Schweiz Bergbesteigungen mitgemacht und bin durch Stromschnellen gefahren. Ich bin vielleicht ein halbes Dutzend Mal mit dem Fallschirm abgesprungen. Aber selbst in siebentausend Meter Höhe aus einem Flugzeug zu springen, ist nicht genug.«

Ein anderes Mal sagte er: »Manchmal denke ich, daß es egal ist, was man tut. Man muß es nur weit genug treiben, richtig weit, dann kommt man am selben Punkt heraus. Wissen Sie, dann würde es vielleicht keine Rolle mehr spielen, ob jemand ein Mystiker ist, ein Heiliger oder ein Rauschgifthändler. Oder ein Künstler, oder ein Verbrecher. Wenn man es irgendwie schaffen würde, das extreme Ende eines extremen Lebensstils zu erreichen, wer weiß, was man entdecken würde, wenn man dort ankommt.«

Seine Vorstellungen reizten mich, kamen mir gleichzeitig aber auch bizarr vor, wenn ich daran dachte, was alles dahintersteckte. »Wollen Sie damit etwa sagen, daß ein Mensch, der einen Mord begeht, oder mehrere, oder sogar Millionen, wie Hitler oder Stalin, vielleicht an denselben Ort gelangt wie z. B. Franz von Assisi oder Nietzsche, um nur zwei zu nennen, die sicherlich ins Extrem gegangen sind?«

Sean lächelte schüchtern und sagte: »Vielleicht, vielleicht auch nicht. Ich habe nie gesagt, daß der Ort, den man erreichen kann, notwendigerweise positiv ist. Ich will nicht einmal sagen, daß er geographisch festzulegen ist. Es spielt sich alles hier drinnen ab.« Und dabei tippte er sich mit dem Finger an die Schläfe.

»Das heißt also, daß man gar nicht die Sahara oder die Antarktis erobern muß, sondern einfach hier etwas so Radikales und für einen selbst Ungewöhnliches tun muß, um eventuell an dasselbe Ziel zu gelangen?«

Er nickte enthusiastisch, ermutigt dadurch, daß ich verstanden hatte, was er sagen wollte. »Genau«, sagte er. »Genau, genau.«

Aber es war nicht Seans Philosophic, die dazu führte, daß ich meine Meinung über ihn änderte.

Eines frühen Morgens, noch bevor der Nebel über der Bucht sich ganz gelichtet hatte, sah ich ihn mit seiner Tochter. Sie gingen Hand in Hand und schienen, soweit ich das aus der Entfernung beurteilen konnte, in eine ernsthafte Unterhaltung vertieft.

Ich war noch ein gutes Stück hinter ihnen, als Sean plötzlich stehenblieb und den Finger auf die Lippen legte. »Pst«, sagte er leise und deutete auf ein Stück mit Gestrüpp bewachsenen Brachlands links von der Neptune Street. Vielleicht hatte dort einmal ein Haus gestanden, das aber jetzt nicht mehr zu sehen war. Nur noch Brombeersträucher, wild wucherndes Gestrüpp und hohes Gras wuchsen dort.

Sean führte Hillary in das Feld hinein. »Ganz leise«, flüsterte er ihr zu.

Sie schien nicht zu wissen, worum es überhaupt ging, und mir ging es genauso. Ich folgte den beiden, wobei ich darauf achtete, daß sie mich nicht bemerkten.

Ein Mädchen fuhr auf einem Fahrrad vorbei, warf den beiden einen gleichgültigen Blick zu und radelte weiter. Was auch immer Seans Aufmerksamkeit erregt hatte, etwas allzu Bemerkenswertes konnte es nicht sein.

Als ich näher kam, sah ich, daß die beiden tief im Gras standen. Sean bis zu den Knien, Hillary praktisch bis zu ihrem blonden Haarschopf. Und dann sah auch ich, was die beiden so faszinierte.

Zwei Rehkitze mit unglaublich staksigen Beinen standen ihnen gegenüber und knabberten geruhsam an den Beerensträuchern. Ihre großen, feuchten Augen sahen die menschlichen Beobachter, aber sie zeigten keine Angst und fuhren ruhig fort, sich den Bauch zu füllen. In den Büschen hinter ihnen raschelte und knackte es, und kurz darauf kam die Mutter zum Vorschein. Sie trat auf die Lichtung hinaus, vielleicht um sich den Mann und das Mädchen genauer anzusehen?

Hillary quietschte vor Entzücken, aber selbst dieser Ausbruch störte die Tiere nicht.

Dann faßten die beiden den Mut, noch näher an die Rehe heranzugehen, und schließlich trennten sie höchstens noch vier Meter von den Tieren. Ich erwartete, sie jeden Augenblick in Panik fliehen zu sehen, aber nichts geschah. Das lebende Bild blieb. Währenddessen zog der Rest der Welt ahnungslos und unwissend vorbei: Fahrradfahrer ließen ihre Klingeln schrillen, Mädchen in T-Shirts und abgeschnittenen Jeans lachten und schwätzten, Männer führten ihre Scotch Terrier spazieren, die Morgenausgabe der *New York Times* unter den Arm geklemmt. Es war schon erstaunlich, daß keiner von ihnen auch nur das geringste Interesse daran zeigte, weshalb drei Menschen auf einem Grundstück standen und fasziniert in die Büsche starrten.

Und dann ließen die Rehkitze die Beeren sein und sprangen über niedriggewachsene Sträucher davon, bis sie nicht mehr zu sehen waren. Die Mutter warf Sean und Hillary einen letzten, anerkennenden Blick zu, dann war auch sie verschwunden. Aber in den Bewegungen der Tiere lag keine Hast, keine Furcht. Es war für sie einfach an der Zeit, woanders hinzugehen.

»Das war zauberhaft, Daddy«, sagte Hillary ehrfürchtig.

Sean nahm sie in die Arme und drückte sie an sich. »Ja, Liebling, es war wie ein Zauber, und du darfst nie vergessen, daß nur das im Leben etwas zählt, der Zauber. Wir beide haben gerade einen Augenblick des Zaubers erlebt. Ein Zauber nur für uns beide.«

»Gibt es noch mehr, Daddy?«

»O ja«, antwortete er. »Es wird noch viele, viele solcher Augenblicke geben.«

Ihr Zauber hatte nichts mit mir zu tun, und ich zog mich so lautlos zurück, wie ich gekommen war, damit sie mich nicht bemerkten.

Ich glaube, das war der Augenblick, in dem ich meine Meinung über Sean änderte. Und vielleicht war der Zauber nicht nur eine Redensart, denn ich sah die Rehe niemals wieder.

Ein paar Tage später – es war ein Freitag – ging ich wieder einmal zu den Cummings hinüber. Nur Sean war zu Hause. »Hören Sie«, sagte er, kaum daß ich im Zimmer war. »Haben Sie heute abend schon etwas vor? Wir wollen nämlich alle nach Aerie fahren und ein bißchen feiern. Es ist so selten, daß Lise einmal aus dem Haus kommt. Sie ist eine unheilbare Stubenhockerin. Ich kann schon von Glück reden, wenn ich es einmal schaffe, sie nach Sea Gate ins Kino zu schleppen.«

Ich nahm den Vorschlag dankbar an, denn ich hatte nicht nur Sean und Lise, sondern auch ihre Freunde gerngewonnen. Und sie hatten viele Freunde. Sie besaßen eben das Talent – vielleicht sogar die Kunst – neue Leute in ihren Kreis hineinzuziehen, und diejenigen, die sie dazu auswählten, fühlten sich geehrt, wirklich unter den Auserwählten. Man konnte sich darauf verlassen, daß ein harter Kern unter fast jedem Vorwand auftauchte, zum Tee, zu einer Weinprobe, zum Essen, zum Kastanienrösten, im Grunde genommen für alles. Außerdem gab es noch einen lockeren Kreis, dessen Mitglieder ständig wechselten, so daß ich jeden Überblick verlor.

Merkwürdigerweise war es Sean, der die meisten dieser Leute anschleppte. Und selbst diejenigen, die mehr mit Lise befreundet waren, erzählten mir irgendwann alle, daß sie sie erst kennengelernt hatten, nachdem sie schon mit Sean verheiratet war. Niemand, mit dem ich sprach, kannte sie noch aus der Zeit vor Sean. Aber ich maß dieser Tatsache keine besondere Bedeutung bei.

Sean und ich zogen uns auf die Terrasse zurück, um uns ein paar Piña Coladas zu genehmigen, die er zusammengemixt hatte. Aus

Gründen, die mir nie ganz einsichtig wurden, waren auf Meridian Island Piña Coladas und Backgammon groß in Mode.

»Wir kennen uns noch nicht sonderlich gut«, fing er mit plötzlich veränderter, mehr vertraulicher Stimme an, »aber ich denke, daß ich Ihnen eine Erklärung schulde.«

Ich ahnte natürlich, was kommen würde, sagte jedoch nichts.

»Sie wissen, daß Kathy und ich uns öfter sehen.«

Ich sagte, daß ich von ihrer Beziehung wüßte.

»Wissen Sie, ich bedaure nicht, was geschehen ist, aber ich habe auch nicht erwartet, daß sich die Dinge so entwickeln würden, wie sie es taten. Ich habe Kathy sehr gern, aber dieses Gefühl läßt sich nicht vergleichen mit dem, was Lise und ich gemeinsam haben, und ich glaube, daß es Zeit ist, Schluß zu machen.«

Seine Erklärung rief in mir eine unvernünftige Hoffnung wach, die ich mir jedoch nicht anmerken ließ. Ich fragte ihn nur, ob Kathy es schon wüßte. »Ich denke schon. Ich habe es ihr zwar noch nicht gesagt, aber sie ist ein kluges Mädchen. Sicher hat sie es gemerkt.«

Ich habe die Erfahrung gemacht, daß eine Menge Leute etwas erst dann merken, wenn man ihnen einen Vorschlaghammer auf den Kopf haut, aber es hätte mir nichts eingebracht, das an dieser Stelle zu erwähnen.

Sean neigte den Kopf zur Seite. »He, hören Sie das?« sagte er, und sein Gesicht hellte sich auf. Ich hörte einen Kardinal in der Kiefer lärmen, die die Terrasse beschattete, und außerdem das gelegentliche Knistern einer Mücke, die vom Leben in den Tod befördert wurde, aber ich war mir sicher, daß er keines dieser beiden Geräusche meinte. »Kommen Sie mit. Ich möchte Ihnen etwas zeigen.«

Es war eine Uhr, die er mir zeigen wollte. Sie hing an der Wand im Wohnzimmer, war klein und rund und hatte zumindest meiner Ansicht nach nichts Besonderes an sich. Außerdem ging sie falsch. Sie tickte zwar laut und deutlich, würde aber noch sehr viel und sehr schnell ticken müssen, wenn sie auch nur die geringste Chance haben wollte, die tatsächliche Zeit einzuholen. Seans zärtliches Lächeln war mir völlig unverständlich.

»Sehen Sie das?«

Ich nickte.

»Es ist eine merkwürdige Uhr. Tagelang regt sie sich nicht. Sie steht einfach. Und dann fängt sie aus irgendeinem Grund zu ticken an. Ich habe nicht die leiseste Ahnung, was sie dazu bringt. Sehen

Sie, jetzt hört sie wieder auf. Schon seit Lise und ich vor drei Jahren hier eingezogen sind, benimmt sie sich so merkwürdig.«

»Haben Sie schon einmal daran gedacht, die reparieren zu lassen?«

Er sah mich an, als hätte ich den Verstand verloren. »Warum sollte ich das denn tun? Etwas birgt ein Geheimnis in sich, und ich soll es vernichten?«

Sean hatte für den Abend noch ein weiteres Paar eingeladen, Ruth und Terry Ryan, die ich schon von mehreren anderen Feiern her kannte. Und außerdem einen Mann von Ende Zwanzig, den ich noch nie gesehen hatte. Er hatte dunkle, intensive Augen und einen rötlich-braunen Bart. Er trug eine Khakijacke, wie man sie in jedem Armeegeschäft kaufen kann, und Jeans, die so abgewetzt waren, daß es mich überraschte, nicht mehr als zwei Löcher darin zu sehen. Er stellte einen beträchtlichen Gegensatz zu den Ryans dar, die, selbst wenn sie sich bewußt lässig kleideten, immer noch elegant aussahen.

»Darf ich vorstellen: Joe Cassidy«, sagte Sean.

Joe reichte mir die Hand. Sein Griff war kurz und unentschlossen.

Aus den Augenwinkeln sah ich, wie Lise die Ryans mit Cocktails versorgte. Der Blick, den sie dabei Joe Cassidy zuwarf, verriet mir, daß sie nicht wußte, was sie von ihm halten sollte. Offensichtlich hatte Sean ihn eingeladen.

»Joe ist professioneller Außenseiter«, fuhr Sean fort. »Und ein professioneller Wanderer. Er war schon überall.«

Joe schwieg dazu. Ich fragte ihn, wo »überall« genau lag.

Er zuckte die Schultern, als sei das absolut bedeutungslos. »Afghanistan vor der Invasion, Iran vor der Revolution, Libanon vor dem Bürgerkrieg, Polen vor dem Kriegsrecht, Rhodesien bevor es Zimbabwe wurde. Überall.«

Seine Stimme klang spöttisch, während er diese kleine Rede hielt.

»Und jetzt Meridian Island«, sagte ich.

»Er ist fest entschlossen, vor seinem Tod einfach alles zu sehen«, erklärte Sean.

Joe Cassidy gehörte nicht dazu. Vielleicht erfüllte sich sein Wunsch und er schöpfte alles aus, was die Welt zu bieten hatte, aber er würde nie dazugehören.

Erst als wir auf die Fähre oder besser gesagt, das Wassertaxi warteten, hatte ich Gelegenheit, mit Lise zu sprechen. Sean unterhielt sich mit den Ryans. Offensichtlich hatte er für den Augenblick den Versuch aufgegeben, Joe zu unterhalten, der etwas abseits stand, an die Mauer von Becketts Fischgeschäft direkt an der Anlegestelle gelehnt.

»Morgen hat Sean Geburtstag. Leicht zu merken, weil es der Tag vor dem vierten Juli ist. Heute abend feiern wir in der Öffentlichkeit, und morgen nur unter uns, ganz in Familie.«

»Davon hat er gar nichts gesagt.«

»Das habe ich mir gedacht. Ich glaube, es macht ihn verlegen, daß er Geburtstag hat. Nicht, weil es heißt, daß er älter wird, sondern einfach das Feiern. Aber ich habe darauf bestanden. Ich habe gesagt, ich würde alles bezahlen, er müßte nur die Gäste aussuchen.«

Ich sagte, ich sei geschmeichelt, weil er mich ausgewählt hatte, aber warum hatte er Joe Cassidy genommen? Er war so muffelig, daß er jede Stimmung trüben mußte.

»Das weiß ich auch nicht«, sagte sie und sah zu ihm hinüber. Wahrscheinlich kann er Frauen nicht leiden. Sean hat ihn am Strand kennengelernt, und irgendwie sind sie wohl ins Gespräch gekommen. Sean liebt es einfach, Leute aus sich herauszulocken. Je introvertierter und schüchterner sie sind, desto entschlossener arbeitet er an ihnen. Es scheint eine Art Herausforderung für ihn zu sein. Als er hörte, daß Joe schon fast die ganze Welt bereist und all diese abenteuerlichen Sachen erlebt hat, wie von der Hand in den Mund leben, in Asien sein eigenes Blut verkaufen, in Indien in Ashrams leben, in heruntergekommenen Hotels in Kabul Opium rauchen, da war er ganz aufgeregt, richtig aus dem Häuschen. Ich wäre überhaupt nicht überrascht, wenn Joe das alles nur erfunden hätte, wenn er nie weiter gekommen wäre als Maine, aber ich habe ihn mit Sean sprechen gehört, und eins muß man ihm lassen: er weiß, wie man eine gute Geschichte erzählt, auch wenn sie erstunken und erlogen ist.«

Die Nacht war kühl, aber nicht kalt, der Himmel dicht gesprenkelt mit Sternen und Planeten. Eine wundervolle Nacht, um ein neues Lebensjahr einzuleiten. Sean hatte eine Flasche Chablis mitgebracht, die wir öffneten, sobald wir alle im Wassertaxi saßen, und eine nicht näher zu bestimmende Zahl von Joints, die überraschend stark waren. Man zog ein paarmal und dachte, das Gras wirkt ja überhaupt nicht, und dann merkte man zehn Minuten später, daß man absolut keine Ahnung hatte, wo man war oder was man vor einer Sekunde gesagt hatte.

Aerie wimmelte von Menschen. Schließlich war es das Wochenende des vierten Juli. Es gab Männer, die wie Cowboykarikaturen gekleidet waren, mit breitkrempigen Hüten, Lederwesten und Spielzeugrevolvern in Halftern, die mit viel Leder an sonst praktisch nackten Hüften angeschnallt waren. Es gab Männer ganz in Weiß, mit kahlen Köpfen, und Männer mit Ketten um die Hüften geschlungen. Es gab Frauen in Trikots, die einem tiefschürfende Blicke auf ihre Brüste erlaubten. Es gab Frauen in schulterfreien Gewändern, die selbst im Waldorf nicht fehl am Platz gewirkt hätten. Es gab halbseidene Tunten, die die Bewegung und Gesten von Frauen so perfekt beherrschten, daß manche richtige Frau vor Neid erblaßt wäre. Manchmal konnte man auf der dichtgedrängten Tanzfläche unmöglich unterscheiden, wer nun weiblich und wer männlich war. Aber es schien mehr gleichgeschlechtliche Paare zu geben als gemischte.

Die Rock Candy Discothek, die wir ansteuerten, kaum daß wir aus dem Wassertaxi gestiegen waren, hatte Spiegelwände, die den Eindruck hervorriefen, daß weit mehr Leute anwesend waren, als tatsächlich der Fall war. Bei dem Wechsel von Licht und Dunkel, den unsichtbare Techniker bewerkstelligten, war es schwer, die Reflektionen von den Menschen zu unterscheiden, die sie hervorriefen.

»You loved me once, oh, do it again«, tönte eine Frauenstimme aus den Lautsprechern, die an strategisch wichtigen Punkten montiert waren. »Love me once, oh, do it again.«

Überall, wohin ich auch sah, sah ich Menschen mit selbstvergessenen Gesichtern tanzen, paarweise oder allein, wenn kein Partner verfügbar war. Jede Intelligenz, falls überhaupt vorhanden, war aus diesen Gesichtern gewichen.

Ich blieb noch an der Bar stehen, als die anderen schon längst auf die Tanzfläche verschwunden waren. Offensichtlich machte mir die Mischung aus Gras und Chablis zu schaffen. Ich war wie gelähmt von den Lichtern, geblendet von den schnellen Bewegungen, betäubt von der Musik, Beethoven, Mozart, Haydn und Schubert sind mein Stil, nicht Stevie Wonder und Gloria Gaynor. Aber in dem Zustand, in dem ich mich befand, hielt auch mich diese Musik gefangen.

Plötzlich merkte ich, daß jemand an meiner Hand zog. Es war

Lise. »Was machen Sie denn so allein? Kommen Sie. Tanzen Sie mit mir.«

Sie trug ein Kleid in leuchtendem Orange, und wenn ich die Augen abwandte, war es nicht sie, die ich wiederfand, sondern das Orange ihres Kleides. Ich verlor mich auf der Tanzfläche, wurde von ihr getrennt, sah mich nach ihr um, erblickte das Orange und konnte mich wieder orientieren. Ich war sehr glücklich, sie zu kennen, und ich glaube, in diesem Augenblick war ich sogar ein bißchen in sie verliebt.

Wir tanzten nur einen Tanz, dann verließ sie mich. »Mir ist heiß«, sagte sie. »Ich brauche unbedingt was zu trinken.« Und sie ging zurück zur Bar.

Wieder verlor ich die Gruppe. Ich spazierte in einen anderen Teil der Disco, und als ich wieder zurückkam, war niemand von ihnen zu sehen. Ich drängte mich durch die tanzenden Paare, erkannte aber keine Menschenseele. Und dann kam auf einmal die Panik, geboren aus der Paranoia. Ob sie genug gehabt hatten und ohne mich gegangen waren?

Und dann stand Sean vor mir. »Da sind Sie ja«, sagte er. »Ich habe schon überall nach Ihnen gesucht. Lise und die anderen sind zu Onkel Peter gegangen.«

Ich wollte gerade fragen, wen er damit meinte, als mir klar wurde, daß es eine andere Discothek war, kleiner und dunkler als das Rock Candy, einen kurzen Fußmarsch entfernt in einer Siedlung namens Lunar Beach. Abgesehen von einem Lebensmittelgeschäft war die Disco das einzige kommerzielle Unternehmen in Lunar Beach. Sonst gab es nur noch ein paar kleine Häuser, deren rustikales Äußeres in keinem Verhältnis zu ihrem Preis stand.

Ich sagte, ich hätte vom Rock Candy auch genug. Was ich wirklich wollte, war frische Luft, aber schon sehr bald stellte sich heraus, daß frische Luft zu den Dingen gehörte, die zu bekommen man bei Onkel Peter keine Chance hatte.

Die Strandpromenade nach Lunar Beach erzitterte unter der betäubenden Musik, die von überall herkam. Mehrere Männer, alle ausnahmslos mit Jeans und zerrissenen Unterhemden bekleidet, standen vor dem Eingang von Onkel Peters Disco. Man mußte sich den Weg nach innen erkämpfen, und sich dann mühsamst zur Bar durchschlagen. Verglichen mit dem Beleuchtungssystem im Rock Candy war das bei Onkel Peter fast schon primitiv zu nennen. Nur

Flackerlampen, die alle paar Augenblicke völliger Dunkelheit wichen. In zwei Ecken des Raumes hingen Fernsehschirme, auf denen Videos irgendeiner Modenshow gezeigt wurden. Welchen Bezug die Mode zur Musik und zum Tanz haben mochte, entzog sich meiner Kenntnis.

Die Luft in der gedrängt vollen Disco war schwer von Rauch und Schweiß und drückender Körperwärme. Die Musik unterschied sich kaum von der im Rock Candy, hier jedoch schienen die Tänzer mit mehr Energie ans Werk zu gehen, legten mehr Konzentration in den Tanz. Manche wirkten wie in Trance, zuckten wie im Fieber, durchtränkten ihre T-Shirts so mit Schweiß, daß sie fast durchsichtig wurden. Auf den Gesichtern der Frauen, die miteinander tanzten, sah ich heimliches, verführerisches Lächeln, in ihren sinnlichen Bewegungen auf dem engen Raum lag etwas wie Ironie, als lachten sie heimlich über einen Scherz, den Außenstehende niemals begreifen würden.

Kaum daß wir drinnen waren, verschwand Sean erneut, und es dauerte eine Weile, bis ich ihn wieder zu Gesicht bekam. Aber es war auch nicht Sean, der mich interessierte. Meine Augen suchten die Tanzfläche nach dem organgefarbenen Tupfer ab, der Lise verraten würde.

Endlich sah ich sie. Sie tanzte mit Joe Cassidy. Beide waren ungewöhnlich gute Tänzer. Lise verlor sich im Tanz, das Kleid wirbelte hoch um ihre gebräunten Beine, und das Haar fiel ihr ins Gesicht. Immer wieder, wenn die Lichter ausgingen, verlor ich sie aus den Augen, und wenn es wieder hell wurde, fand ich sie ganz woanders wieder.

Einmal, als es wieder dunkel und die Musik unerträglich laut wurde, glaubte ich, einen Schrei zu hören. Und vielleicht war es so. Aber dann wurden mehr Schreie laut, ein richtiger Chor. Das aufgestaute Adrenalin machte sich in einem spontanen, enthusiastischen Schrei Luft. Alle ließen sich von der Musik mitreißen. »If you knew me like I know you, you wouldn't be saying the things you do.«

Zwei Scheinwerfer zuckten auf die Tänzer herunter, und eine davon erfaßte Lise. Sie wirbelte wild um sich selbst, ganz aufgelöste Bewegung, aber ihre Augen starrten weit offen und ihr Gesicht war grotesk verzerrt. Erst dann sah ich die roten Flecke auf ihrem Kleid und wunderte mich noch darüber, was für merkwürdige Effekte die Lichter doch hervorriefen. Ich verstand nicht, was sich vor mir abspielte, bis mir endlich aufging, daß sie blutete – aus mehreren Wunden an den Schultern, der Brust, dem Bauch und den Beinen. Der Schwung des Tanzes riß sie weiter, aber schon wurden ihre Bewegungen unsicherer, als hätte es bis jetzt gedauert, bis die Tatsache, daß sie verletzt war, von ihrem vernebelten Bewußtsein registriert wurde. Falls sie einen Laut von sich gab, war er über dem Lärm der Musik nicht zu hören. »Tonight it's over baby, tonight we're through, but please, please, please, don't ever forget the way I loved you.«

Um Lisa herum tanzten die Leute weiter, ohne zu merken, was passiert war. Erst allmählich, als Lises Blut auf sie spritzte, wurden sie aufmerksam. Einige schrien, andere wichen entsetzt zurück und starrten sie ungläubig an. Im Licht der Scheinwerfer war der Boden rot von ihrem Blut, das Kreise und Ellipsen um ihren sich drehenden Körper beschrieb.

Endlich tauchte Sean auf. Er drängte sich durch die Menge, schrie Lises Namen. Sie schien ihn nicht zu hören. Ihre Bewegungen wurden langsamer, aber trotz der Schmerzen, die sie empfinden mußte, schien sie nicht dazu in der Lage, mit dem Tanzen aufzuhören. Ich versuchte, mich vom anderen Ende der Tanzfläche zu ihr durchzukämpfen. An den Rändern bewegten sich die Leute immer noch im wechselnden Rhythmus eines neuen Liedes, das aus den Lautsprechern quoll.

Noch ehe Sean Lise erreichen konnte, schwankte sie einen gefährlichen Augenblick und brach zusammen. Noch ein paar Sekunden lang warf sie sich auf dem Boden herum, strampelte mit den blutverschmierten Beinen, wie um dem bevorstehenden Tod zu trotzen. Das orangefarbene Kleid war so rot von ihrem Blut, daß die ursprüngliche Farbe fast nicht mehr zu erkennen war. Als Sean sich über sie beugte, lief ein letzter Schauder durch ihren Körper. Sie warf den Kopf zurück und lag still. Sean nahm sie in die Arme, umfaßte ihren Kopf mit beiden Händen, und es sah aus, als spreche er mit ihr. Einen Augenblick lang dachte ich wirklich, sie würde ihm antworten. Ihre Lippen öffneten sich. Aber nur Blut kam heraus.

HIMMELSSCHRIFT

Ich wachte so plötzlich auf, als hätte jemand mich gepackt und aus dem Bett gezerrt, und sofort war mir klar, daß etwas Schreckliches, etwas ganz Schlimmes, geschehen war. Doch ich konnte mich nicht erinnern, was es war. Hinter dem Garten lag das Haus der Cummings ganz still. Und da auf einmal wußte ich es wieder.

Es war noch früh. Der Himmel war diesig, und es würde noch eine Zeitlang dauern, bis die Sonne den Nebel in Nichts auflöste.

Als der Himmel klar wurde, war ich schon am Strand und ging ziellos vor mich hin. Mittags sollte ich mich im Polizeirevier von Lunar Beach mit den Beamten unterhalten und wenn möglich meine Aussage machen. Aber obwohl ich als Augenzeuge galt, hatte ich keine Ahnung, was ich bezeugen sollte. Ich hatte zwar einen Mord gesehen, meines Wissens aber nicht den Mörder.

Ironischerweise war Lises Körper zwar übersät von Schnittwunden, die aller Wahrscheinlichkeit nach von einem Rasiermesser herrührten, aber nur eine der Verletzungen war tödlich gewesen. Die Halsschlagader war durchschnitten worden, entweder zufällig, oder aber der Mörder hatte ganz genau gewußt, worauf es ankam.

Es war schwer, sich eine überlebende Lise mit all den vielen Narben vorzustellen. Sie wäre nicht mehr dieselbe gewesen. Ich will damit nicht sagen, daß ich ihren Tod wollte, aber sie wäre einfach nicht mehr dieselbe gewesen.

Der Strand bevölkerte sich allmählich. Die Menschenmassen, die das Wochenende des vierten Juli auf der Insel feiern wollten, trafen mit den Fähren ein, bepackt mit Decken, Radios und Picknickkörben, trotz der polizeilichen Verbote. Überall, wohin ich auch sah, sah ich schöne, verführerische Frauen. Aber sie interessierten mich alle nicht.

Über dem Meer zogen mehrere kleine Flugzeuge, meistens Cessnas, ihre Kreise. Sie flogen nicht sehr hoch und zogen große, bunte Bänder hinter sich her, die Werbung machten für Geschäfte, Discotheken und Fitneß-Center.

Und dann tauchte ein weiteres Flugzeug auf, viel höher in der Luft als die anderen Maschinen. Ich blieb stehen und sah zu, wie es langsam seine Botschaft schrieb, in großen, weißen Buchstaben vor einem inzwischen strahlendblauen Himmel. Nach den ersten beiden Worten ahnte ich bereits, was kommen würde.

Wenige Minuten später stand die vollständige Botschaft am Himmel: HERZLICHEN GLÜCKWUNSCH ZUM GEBURTSTAG, SEAN. IN EWIGER LIEBE, LISE.

Ich stand und starrte, bis die Buchstaben einer nach dem anderen verblaßten und verwehten und schließlich nichts mehr von ihnen übrig war.

Fast drei Wochen lang bekam ich Sean nicht zu sehen. Seine Tochter war, soviel ich hörte, zu seinen Eltern nach Philadelphia gebracht worden. Sean blieb auf der Insel. Nicht weil er es unbedingt wollte, sondern weil die Polizei ihm gesagt hatte, er werde bei der Aufklärung des Mordes an seiner Frau noch gebraucht. Aber er kehrte nicht in sein Haus zurück, und bis Ende Juli blieb es verschlossen.

Ich war auf die gelegentlichen Berichte in der Meridian Island Weekly News angewiesen, wenn ich Näheres über den Weitergang der Ermittlungen erfahren wollte, und auf das Gerede, das ich auf meinen Spaziergängen über die Insel aufschnappte. Vielleicht stand in den Festlandzeitungen mehr, aber die las ich nicht.

Ich wußte jedoch, daß Joe Cassidy sofort nach dem Mord verhaftet worden war. Er wurde als Streuner bezeichnet, womit wahrscheinlich in der typischen Inselart ausgedrückt werden sollte, daß er den vergangenen Monat im öffentlichen Park am östlichen Ende der Insel kampiert hatte. Ich fragte mich, ob er der Polizei gegenüber seine Odyssee durch die ganze Welt erwähnt hatte, bezweifelte es jedoch. Ich konnte mir nur vorstellen, wie er die Leute, die ihn verhörten, mit brütenden Augen anstarrte, eingehüllt in ein Schweigen, das er nicht einmal zu seiner eigenen Verteidigung brechen wollte.

Es hieß, er hätte kein geregeltes Einkommen, was ich bereits vermutet hatte, und auf Meridian Island war allein diese Tatsache schon verdächtig, wenn nicht gar Grund zur Anklageerhebung.

Er wurde in Lunar Beach in eine Zelle des Polizeireviers gesteckt, das eigentlich kaum mehr war als ein umgebautes Sommerhaus. Später erfuhr ich, daß Sean der Polizei gegenüber gesagt hatte, er sei von Joes Unschuld überzeugt. Es bleibt jedem selbst überlassen zu rätseln, wieviel Gewicht dieser Aussage beigemessen wurde.

Aber es gab keine Beweise gegen ihn, die einen weiteren Gewahrsam gerechtfertigt hätten, und so wurde er nach achtundvierzig Stunden wieder freigelassen. Man empfahl ihm jedoch, die Insel mit der nächsten Fähre zu verlassen, ansonsten würde er wegen mehrerer anderer Vergehen, wie zum Beispiel Schlafen am Strand und Anzünden von Lagerfeuern, wieder im Gefängnis landen.

Gegen Ende Juli erzählte mir jemand, Sean selbst stünde jetzt unter Verdacht. Obwohl ich das am liebsten als weiteres, nichtssagendes Gerücht abgetan hätte, fing ich an zu denken, daß vielleicht doch etwas dahintersteckte. Der Gedanke gefiel mir zwar nicht, aber er wollte sich auch nicht verjagen lassen.

Eines Abends, als die Dämmerung den Himmel mit einer verschwenderischen Farbenpracht aus Lila, Rot und Gelb überzog, sah ich zufällig in den Garten hinaus. Eine Frau ging über den schmalen Pfad, der zur Terrasse hinter Seans Haus führte. Es war Kathy Barnes.

Sie war hübscher, als ich sie in Erinnerung hatte. Die ganze Zeit hatte ich gehofft, ihr zufällig über den Weg zu laufen, war ihr aber nie begegnet. Ich wußte nicht, wo sie wohnte, und hatte sie auf all meinen zahlreichen Wanderungen kein einziges Mal gesehen. Vielleicht hatte sie die Insel nach Lises Tod verlassen.

Sie trug ein gelbes T-Shirt und blaue Shorts. Das Haar hatte sie hochgesteckt. Außerdem trug sie eine Brille, die ich nie zuvor an ihr gesehen hatte. Als sie die Terrasse erreichte, tat sie nichts. Sie blieb einfach stehen. Ein paar Augenblicke später ging die Tür auf, und Sean kam heraus. Bis zu diesem Augenblick hatte ich nicht gewußt, daß er wieder im Haus wohnte.

Er sah sie an, ohne sich zu bewegen, ich weiß nicht, wie lange. Dann lief er in ihre Arme. Sie umarmten sich. Die Stille war so vollkommen, daß es bemerkenswert war. Nur einmal wurde sie gebrochen, als eine Mücke ihren Kurs falsch berechnet und dem merkwürdigen Gerät in den Büschen zum Opfer fiel.

Schließlich lösten die beiden sich voneinander und gingen ins Haus. Soweit ich es beurteilen konnte, war kein Wort zwischen ihnen gefallen. Erst mehrere Stunden später kamen sie wieder zum Vorschein. Sie gingen Arm in Arm über den schmalen Pfad und verschwanden aus meiner Sicht.

Und wenn er Lise tatsächlich getötet hat? dachte ich. Vielleicht war er an einem Punkt angelangt, an dem Worte nicht mehr genügten, an dem er merkte, daß er seine Theorien über die Extreme so viel ausarbeiten konnte wie er wollte, sie aber bedeutungslos bleiben würden, wenn er sie nicht einem Test unterwarf. Es war schwierig, eigentlich unmöglich, sich Sean als Mörder vorzustellen, als jemand, der der kleinen Hillary die Mutter genommen hatte. Aber wie gut kannte ich ihn schon? Er gehörte zu den Leuten, von denen man vom ersten Augenblick an meint, man kenne sie schon sein ganzes Leben. Aber das war eine Illusion. Es entsprach nicht den Tatsachen.

Erst einige Zeit später erfuhr ich, was geschehen war, nachdem sie die Terrasse verlassen hatten. Ich habe zwar nur Kathys Wort, denke jedoch, daß ich ihr glauben kann. Es war eine zu bizarre Geschichte, um sie sich einfach so auszudenken. Sie war so unglaublich, daß ich sicher bin, daß sie der Wahrheit entspricht.

Tagsüber war der Strand zwar eine Szene wimmelnder Menschenmassen, nachts jedoch gehörte er den Liebespaaren und den einsamen Wanderern, die in der Natur den Trost suchen, den sie nirgends sonst finden können. Es war Ebbe. Das Meer hatte Seetang und gelegentlich die blassen Ovale toter Quallen hinter sich zurückgelassen. Der Himmel bildete die Bühne für Planeten und Galaxien, die sich ins Unendliche erstreckten. Sternschnuppen schienen sich in hohem Bogen in den Atlantik stürzen zu wollen.

Sean und Kathy hatten sich seit der Mordnacht nicht mehr gesehen. Sie hatten zwar miteinander telefoniert, aber jetzt, wo beide sich eigentlich so viel zu sagen hatten, brachten sie kein Wort hervor. Sie gingen schweigend Hand in Hand, stundenlang, und sie wagten nicht, einander in die Augen zu sehen, aus Angst davor, was sie darin vielleicht lesen würden. Aber durch den Druck ihrer Hände versuchten sie, ihr Verständnis auszudrücken, und vielleicht auch ihre Liebe.

Sie kamen irgendwann an eine Stelle des Strandes, die bei Flut unter Wasser stand. Mehrere Meter weiter leckte die schaumige Gischt über den Sand.

Es war schon nach zwei Uhr. Soweit ihre Augen reichten, war niemand sonst zu sehen. Sie standen barfuß auf dem festgebackenen Sand, so als warteten sie, wenn sie auch keinen Augenblick lang wußten, auf was sie warteten.

Nach einer Weile tauchte östlich von ihnen ein Licht auf. Allmählich zeigte sich, daß es die Scheinwerfer eines näherkommenden Fahrzeuges waren.

Sie beobachteten es. Es war ein Lieferwagen in einem staubigen Grün, von der Art, wie sie zum Ausfahren von Brennholz für die

Kamine der Häuser benutzt wurden. Kurze Zeit später erfaßten die Scheinwerfer die beiden einsamen Gestalten.

Es war nicht verboten, mitten in der Nacht am Strand spazierenzugehen, aber als der Lieferwagen sich ihnen näherte, hatten beide das Gefühl, etwas Verbotenes getan zu haben. Jeden Augenblick erwarteten sie, daß der Fahrer ihnen zurufen würde, sie sollten gefälligst nach Hause gehen. Aber das geschah nicht. Der Fahrer tat nichts dergleichen. Statt dessen fuhr er immer weiter auf sie zu, veränderte seinen Kurs um eine Spur, so daß es fast schien, als wolle er sie überfahren.

Weil sie einfach nicht glauben konnten, daß er genau das vorhatte, dauerte es mehrere Sekunden, bis sie reagierten. Sie blieben stehen, wo sie waren, und sahen dem Näherkommen des Autos zu. Aber dann gab es keinen Zweifel mehr daran, daß der Lieferwagen es auf sie abgesehen hatte. Sean nahm Kathys Hand und rannte mit ihr los, Sekundenbruchteile bevor der Lieferwagen sie erreicht hätte.

Es war nicht zu erkennen, ob ein Mann oder mehrere im Wagen saßen. Es hatte auch keine große Bedeutung. Auf jeden Fall stieß der Lieferwagen zurück und entfernte sich, was aber nur das Vorspiel zu einem zweiten Angriff war. Dieses Mal rannten Sean und Kathy geradewegs ins Wasser hinein. Der Lieferwagen bog im letzten Augenblick ab, bevor die Reifen sich zu tief in den feuchten Sand wühlten konnten.

Während die hereinkommende Flut gegen ihre Oberschenkel schlug, drehte der Lieferwagen, fuhr den Strand entlang nach Westen und verschwand in der Dunkelheit.

DER MANN AUS DERAIN

Eine Woche verging, bevor ich von dem Vorfall erfuhr. Ich war im »Morganthal«. Das »Morganthal« in Sea Gate war eine Gaststätte, die hauptsächlich von ständigen Inselbewohnern besucht wurde, die zwar den kommerziellen Vorteil der Beherbergung von Sommergästen durchaus zu schätzen wußten, was jedoch noch lange nicht bedeutete, daß sie sie auch zu lieben hätten. Im Morganthal gab es einen Pool-Tisch, eine Wurfscheibe, einen Flipper, der wie verrückt klingelte, sobald man hunderttausend Punkte machte, und zwei Videospielautomaten, die unter fast jedem Vorwand laute Piepstöne von sich gaben. Ich saß an der Bar, als ich Kathy in Richtung Harbor Light vorbeigehen sah. Ich lief ihr nach und brachte sie mit zurück.

Sie hatte Haut, die in der Sonne betelnußbraun wurde, und jetzt war sie dunkler denn je. Ihre Zähne blitzten wenn sie lächelte. Sean konnte froh sein, sie zu haben, dachte ich.

Es stellte sich heraus, daß Kathy nach Lises Tod keineswegs verschwunden war. Unsere Pfade hatten sich bloß nie gekreuzt. Sie sagte, sie hätte – wie die meisten von Seans Freunden – an der Beerdigung teilgenommen, die auf dem Festland stattfand. Auch diejenigen der Freunde, die von ihrer Affäre mit Sean wußten, hielten ihre Anwesenheit nicht für unangebracht. »Aber weißt du, was merkwürdig war?« fragte sie. »Es waren nur Verwandte von Sean da. Kein einziger Mensch aus Lises Familie.«

Das war wirklich merkwürdig. Ich fragte, wie das möglich war. »Hat denn niemand ihre Familie benachrichtigt? Das kann doch nicht sein, oder?«

»Das ist es ja. Es gab keine Familie zu benachrichtigen. Sean hat mir mal erzählt, am Anfang hätte sie gesagt, sie habe keine Familie. Daß ihre Eltern gestorben seien, als sie noch klein war, ihre Mutter mit Dreißig an Krebs, und ihr Vater kurz danach. Selbstmord, wie ich gehört habe. Die Verwandten, bei denen sie aufwuchs, konnte sie nicht ausstehen. Als sie volljährig wurde, brach sie den Kontakt zu ihnen ab.«

»Und Freunde aus der Kinderzeit? Oder von später?«

»Sie hatte eine Vergangenheit«, sagte Kathy, »die sie nicht mochte. Wahrscheinlich hat sie versucht, alles loszuwerden.«

»Und was ist mit Sean? Wie geht es ihm?«

»Eine Zeitlang hat er sich völlig vergraben. Niemand hat ihn zu Gesicht bekommen oder auch nur von ihm gehört. Nicht einmal ich.«

»Und jetzt?«

»Und jetzt versucht er, sich mit einer merkwürdigen Sache auseinanderzusetzen.«

Ich fragte, was sie damit meinte. Überdeutlich war mir bewußt, wie dicht sie neben mir saß. Sie roch salzig nach Meer, und wenn sie sich vorbeugte, streiften ihre Brüste leise gegen meinen Arm.

»Nach ihrem Tod fing er sich irgendwann wieder so weit, daß er ihre Sachen durchgehen konnte. Dabei entdeckte er mehrere Briefe, von denen er keine Ahnung gehabt hatte. Liebesbriefe, manche davon aus den letzten Monaten. Sie stammten von einem gewissen Marvin Driss. Natürlich weiß Sean nicht, wie sie darauf reagiert hat, oder ob überhaupt, aber er versteht nicht, weshalb sie ihm nicht davon erzählt hat, wenn die Sache harmlos war.«

»Wer ist denn dieser Mann?«

»Sean hat Nachforschungen angestellt. Es war nicht sehr schwer herauszubekommen, wer Marvin Driss ist. Anscheinend ist er eine bekannte Persönlichkeit auf der Insel. Berühmt-berüchtigt. Sean sagt, daß er in Derain wohnt.«

Das allein verriet großen Wohlstand. Derain liegt zwischen Canticle und Aerie, und obwohl man vom Strand aus ungehinderten Zugang hat, kann es sehr gut passieren, daß einem wenig später – sehr höflich natürlich – gesagt wird, daß es empfehlenswert wäre, wieder zurückzugehen, sofern man keinen guten Grund für seine Anwesenheit nennen kann. Hohe Eisentore flankierten die Siedlung zu beiden Seiten, und man brauchte einen Schlüssel, um hinein- oder herauszukommen.

»Anders als die meisten anderen Bewohner von Derain, die die Abgeschiedenheit vorziehen, scheint dieser Driss sich einen ganz schönen Ruf gemacht zu haben. Ein richtiger Wüstling. Wenn ihm der Sinn nach Mädchen steht, kommt er hierher nach Sea Gate und angelt sich eins – oder auch mehrere, je nachdem. Und wenn er einen Knaben will, taucht er in Aerie oder in The Eves auf. Du kennst doch bestimmt das Wäldchen zwischen Aerie und The Eves?«

Ich nickte.

»Na ja, in dem Wäldchen machen die Männer es miteinander. Man kann sie Hand in Hand zwischen den Bäumen herauskommen sehen, wenn man da spazierengeht.«

»Und was hat das mit Driss zu tun?«

»Nach dem, was Sean mir erzählt hat, hat er öfter junge Männer in das Wäldchen mitgenommen. Offensichtlich brachte er sie nicht so gern in sein Haus in Derain, außer, es lag ihm wirklich etwas an ihnen. Es ist schon komisch, daß so ein Typ in einer Siedlung wohnt, von der man in *Town and Country* nur mit Hochachtung spricht.«

»Woher hat er denn das viele Geld?«

»Das hat Sean noch nicht rausbekommen, aber er meint, daß er so viel davon hat, daß er sogar die Polizei hier kaufen konnte. Nicht die ganze Polizei, aber doch genug.«

»Die Polizei gekauft?« Das kam mir denn doch ein bißchen weit hergeholt vor. »Damit sie ihn in Ruhe lassen, wenn er es im Wäldchen zwischen Aerie und The Eves mit Knaben treibt?«

Sie schüttelte den Kopf. »Damit sie sich nicht fragen, woher sein Geld kommt. Sean glaubt, daß es illegal sein muß. Rauschgift oder Mafia. Und deshalb meint er, wollen Driss' Freunde ihn von der Insel vertreiben, mit Tricks wie Montagnacht.«

Und dann erzählte sie mir, was am Strand passiert war.

»Aber wenn du sagst, daß Driss die halbe Polizei gekauft hat, wieso bestehen die dann darauf, daß Sean hierbleibt?«

»Sean sagt, das ist nun einmal die offizielle Version, aber in Wirklichkeit wären sie froh, wenn er für immer hier verschwinden würde. Sean ist davon überzeugt, daß er sich mit all seinen Fragen nach Driss ganz schönen Ärger einhandelt.«

»Aber er will trotzdem weitermachen?«

»Natürlich. Lise war seine Frau. Er muß doch herausfinden, wer sie war. Weil es auch seine Vergangenheit ist. Wie es jetzt aussieht, war vielleicht nichts davon echt. Und es ist beängstigend, sich damit auseinandersetzen zu müssen.«

Das war es tatsächlich.

DIE BUCHT BEI NACHT

Am nächsten Abend war ich wieder im Morganthal und verspielte mehrere Dollar an den Videoautomaten und am Flipper, was für mich eine therapeutische Art war, die Zeit totzuschlagen, vor allem zu Zeiten, in denen es mit meiner Arbeit nicht so recht voranging. Als ich endlich vor die Tür trat, stellte ich fest, daß es viel später war, als ich angenommen hatte.

Niemand sonst war auf der Promenade zwischen Sea Gate und Harbor View, und deshalb wurde auch niemand sonst Zeuge des Geschehens, das sich auf der Bucht abspielte. Erst sah auch ich nur das blitzende Spiegelbild des Vollmonds im Wasser. Dann erkannte ich allmählich das Geräusch eines Bootes, das schnell näherkam. Eine Fähre konnte es nicht sein. Die Fähren verkehrten nach zehn Uhr nicht mehr. Und dann tauchte das Boot aus der Dunkelheit auf.

Vom Bug wehte eine Flagge. Es war ein Boot der Küstenwache, das auf Canticle und Derain zuhielt. Zwei Männer in Uniform standen auf der Brücke. Der eine hielt ein Fernglas vor die Augen und suchte die Bucht ab, der andere stand hinter einem Maschinengewehr. Das Boot schoß an dem Punkt vorbei, an dem Harbor Light endet, und verlor sich schnell außer Sicht. Nur die Wellen kräuselten sich noch eine Weile dort, wo es vorbeigekommen war.

Kurz darauf erschien ein Polizeihubschrauber über Island Park, westlich von Sea Gate. Wie der Kutter, hielt auch er auf Canticle, Derain und Aerie dahinter zu. Ein Lichtstrahl brach aus dem Hubschrauber hervor, so daß das Wasser vor der Küste wie flüssiges Gold aufleuchtete. Aber es war nichts zu sehen. Es war eben einfach nichts da.

TEEZEIT

Am nächsten Morgen jedoch gab es was zu sehen, das heißt, wenn man früh genug auf den Beinen war. Ich war es nicht, erfuhr jedoch von mehreren Leuten, die denselben Weg benutzten, den ich in der Nacht gekommen war, von dem erstaunlichen Anblick, der sich ihnen auf dem Weg von und nach Sea Gate bot.

Zwei oder drei Ballen Marihuana waren irgendwann in der Nacht an Land geschwemmt worden. Die Umhüllung der Ballen mußte sich unterwegs gelöst haben, und das Marihuana kam an Land in pampigen Klumpen aus Grün und Braun, mit zusammengeklebten Blättern, Stielen und Samenkapseln. Auch die Ballen selbst hatten sich aufgelöst, und Teile davon waren an Dutzenden von Stellen zwischen Island Park im Westen und Canticle im Osten zu finden. Die Polizei schaffte es jedoch, es in ihre Hände zu bekommen, bevor die Anwohner es aufsammeln und in der Abgeschiedenheit ihrer Terrassen und Balkone zum Trocknen ausbreiten konnten.

Ich vermutete, daß das Marihuana von dem Boot ins Wasser geworfen worden war, das die Küstenwache und der Polizeihubschrauber verfolgt hatten. Ich hatte das Schmugglerboot selbst zwar nicht gesehen, konnte aber durchaus auf seine Anwesenheit schließen.

Obwohl ich es schon seit einer ganzen Woche immer wieder aufschob, fühlte ich mich verpflichtet, Sean einen Besuch abzustatten. Ich war auf eine Weise, die ich nicht gänzlich verstand, mit ihm und mit dem, was geschehen war, verbunden, und wenn auch er mich vielleicht vergessen hatte, konnte ich mich dem Gefühl nicht entziehen, daß ich ihm gegenüber eine gewisse Verantwortung trug.

Es war ein merkwürdiges Gefühl, vor der Vordertür zu stehen und darauf zu warten, ob er kommen und mir die Tür öffnen würde. Am Strand konnte er nicht sein. Seit Lises Tod ging er nie mehr an den Strand. In den Zweigen eines Baumes lärmte eine ganz besonders laute Krähe, während ich vor der Tür wartete. Ganz kurz hatte ich das Gefühl, daß Sean hinter den Vorhängen im ersten Stock stand und auf mich herabsah.

Dann ging die Tür auf. Er war dünner, schmaler als früher. Als ich ihn über den Garten hinweg mit Kathy auf der Terrasse gesehen hatte, war mir nicht aufgefallen, wie schmal er geworden war. Vor allem in seinem Gesicht stand die Geschichte der schrecklichen letzten Wochen deutlich geschrieben. Seine Augen waren eingesunken, und unter der Haut, die vom ständigen Aufenthalt im Haus fahl geworden war, meinte man fast, die Schädelknochen zu sehen.

»Kommen Sie rein«, sagte er.

Als ich eintrat, hörte ich etwas Ungewöhnliches, etwas Überraschendes, das ich fast schon vergessen hatte.

Die Uhr an der Wand tickte. Sean bemerkte meinen Blick.

»Seit Lises Tod geht sie wieder«, sagte er. »Man könnte fast meinen, daß es etwas zu bedeuten hat. Natürlich kann das nicht sein, aber trotzdem denke ich es manchmal.«

Zu meiner Überraschung schien Sean sich über meinen Besuch wirklich zu freuen, und ich versuchte, ihn dazu zu bringen, über sich selbst zu sprechen. Er wollte vor allem wissen, wie es mir so ergangen sei, und obwohl ich es nicht gern zugebe, muß ich doch sagen, daß er mir jetzt sympathischer war als früher. Seine Verletzlichkeit und seine Trauer machten ihn liebenswerter, menschlicher vielleicht.

»Wenn ich herausgefunden habe, was mit Lise war, was sie mit diesem Driss zu tun hatte«, sagte er irgendwann, »werde ich die Insel für immer verlassen. Ich hasse sie. Aber ich kann nicht weggehen, ohne alles zu wissen. Eines Tages werde ich Hillary einiges erklären müssen, und ich möchte, daß es die Wahrheit ist.«

Am nächsten Nachmittag, erzählte er mir, hatte er in The Eves eine Verabredung mit einem Mann, der Driss kannte. »Ein Freund von Kathy wird mich ihm vorstellen. Vielleicht kennen Sie ihn, er heißt Art Lerner.« Als ich verneinte, sagte er, er sei früher bei der Handelsmarine gewesen und habe sich jetzt für immer auf der Insel niedergelassen. Ihm gehörten mehrere Bars in Sea Gate und The Eves, und im Verlauf zahlreicher Sommer habe er viele Freunde gewonnen und viele Geschichten gehört. »Haben Sie nicht Lust mit mir zu kommen?«

Ich wunderte mich zwar, weshalb Sean mich dabeihaben wollte, stimmte aber natürlich zu. Wir verabredeten uns für den nächsten Nachmittag um vier an der Wassertaxianlegestelle in Sea Gate. Dann würden wir immer noch rechtzeitig zum Tee in The Eves sein.

In Aerie und The Eves war die Teezeit eine Tradition, die mit Tee nicht mehr viel zu tun hatte. Es war die Zeit, in der die Sonne schon tief genug im Westen stand, um die Sonnenbadenden vom Strand zu verscheuchen und sie zur Migration in die Bars und Discos zu bewegen, wo sie tranken und tanzten, bis die Aussicht auf eine Dusche und das Abendessen sie wieder nach Hause lockten.

Das erste Anzeichen dafür, daß man sich The Eves näherte, waren die Flaggen, die im Seewind über den Häusern an den Dünen wehten. Meistens waren es italienische oder französische Flaggen, die von den Menschen dieser Nationalitäten, die die Häuser bewohnten, herausgehängt worden waren. Schmale, graue Holzstege führten von der Meer- zur Buchtseite, an der sich das kommerzielle Zentrum der Siedlung befand. Es besaß einen gewissen, altmodischen Charme. Geschäfte mit weißen Mauern und großen Aussichtsfenstern mit Blick auf die Bucht und das Pier reihten sich aneinander, und dichter am Wasser mußte man nur aus einem Gartenlokal fallen, um im nächsten zu landen. Den ganzen Tag über spazierten Männer und Frauen in bunter Badekleidung oder mit fast nichts am Leib über das Pier, auf dem Weg zu oder von den Booten, die dort vor Anker lagen. In der strahlenden Augustsonne boten die Boote ein herrliches Bild mit ihren weißen Segeln und den weißen, blauen, roten und limonenfarbenen Rümpfen. Es gab keinen Zweifel, daß The Eves reicher war als die benachbarten Siedlungen. Hier konnte man darauf wetten, daß die Leute entweder Geld hatten, oder sehr viel Geld. Eine andere Möglichkeit gab es nicht. Manchmal traf man auch auf jemanden, der ganz erstaunlich viel Geld hatte, oder auch auf jemanden, der so tat, als hätte er mehr davon, als tatsächlich der Fall war. Niemals jedoch begegnete man jemandem, der überhaupt keines hatte.

Art Lerner war ein Mann in den Fünfzigern, mit einem Gesicht, das von der Sonne tief gerötet war und niemals die wohlhabende Bräune annehmen würde, die man an den umliegenden Tischen sehen konnte. Er saß auf der Terrasse einer Disco-Bar, die auf den Hafen hinausging. Gerade legte eine Fähre an, aber in dem Kommen und Gehen der Fähren lag nichts von der Eleganz, die den Segelbooten und Motorjachten innewohnte, die ständig in The Eves anlegten, um ihre Ladung an Millionären auszuspucken.

Art Lerner begrüßte uns drei, stand jedoch nicht auf. Er schien zu den Leuten zu gehören, die sich mit einem Leben voller wiederholter Niederlagen abgefunden haben. Er trank die Spezialität des Hauses, einen Blue Whale, so genannt nach seiner tiefblauen Farbe, die von dem blauen Curacao kam, der mit Gin und Zitronensaft gemixt wurde. Nur Kathy wagte es, das Getränk zu probieren.

»Ich habe keine Ahnung, wo er bleibt«, sagte Art und meinte damit den Mann, den er uns eigentlich vorstellen wollte. »Ich habe ihn für halb fünf hergebeten, und jetzt ist es schon Viertel vor. Vielleicht ist er noch am Strand. Sie haben es doch nicht schrecklich eilig, oder?«

Wir hatten den weiten Weg jedoch nicht umsonst gemacht, auch wenn der namenlose Mann nicht auftauchen würde. Art Lerner konnte uns nämlich etwas Interessantes zeigen.

»Sehen Sie das große Boot da drüben? Das direkt neben der *Hatteras*?«

Es war mindestens zehn Meter lang, eine Motorjacht mit einem über das Heck herausragenden Deck und Kabinen, deren Fenster von sandfarbenen Vorhängen verhängt waren.

»Und sehen Sie den Mann, der daneben auf dem Pier steht?«

Der Mann, den er uns zeigte, lehnte lässig an einem Pfosten, an dem die Jacht festgemacht war. Er trug ein kariertes Hemd und eine Sonnenbrille, deren Gläser einem nur das eigene Spiegelbild zurückwarfen und die Augen dahinter verbargen.

»FBI«, sagte Lerner.

»FBI?« fragte Sean, genauso überrascht wie Kathy und ich.

»Das Boot ist beschlagnahmt worden, vom FBI, nicht von der örtlichen Polizei. Die gesamte örtliche Polizei ist von dem Fall abgezogen worden. Schwer zu glauben. Ich kenne die Männer fast alle so gut, daß ich nicht mal mehr sagen kann, wie oft ich mit ihnen in Bars gesessen habe. Aber wahrscheinlich gibt es in jeder Truppe ein paar, die gekauft werden können. Auf jeden Fall scheint der Besitzer des Bootes ein paar der Männer in seiner Tasche gehabt zu haben.«

»Sind Sie sicher?« fragte Sean, sichtlich erfreut darüber, seine eigene Theorie von anderer Seite bestätigt zu finden.

»Oh, ganz sicher.« Er hob die Augen und sah uns alle mit einem amüsierten Blick an. »Wissen Sie, wem das Boot gehört?«

Auf dem Heck stand der Name »Red Unicorn«, aber nein, wir hatten keine Ahnung, wer der Besitzer war.

»Marvin Driss. Sie haben doch von den Marihuanaballen gehört, die angeschwemmt wurden? Sie kamen von diesem Boot. Die Küstenwache verfolgte es von Five Points aus, aber als sie an Bord gehen konnten, war niemand mehr da. Gegen Driss läuft zur Zeit ein Haftbefehl, und ich wette mit Ihnen, daß wir bis zum Labour Day den schönsten Skandal haben werden.«

»Ich würde diesen Driss wirklich gerne kennenlernen«, sagte Sean.

Ich hatte das Gefühl, daß er Driss mit dem Mord an seiner Frau in Verbindung brachte, daß er glaubte, beide Rätsel lösen zu können, wenn er einem davon auf die Spur kam.

Unter dem Tisch nahm Kathy seine Hand und drückte sie.

»Das wird wahrscheinlich nicht möglich sein. Wie ich gehört habe, wurde sein Haus in Derain heute morgen durchsucht. Er war nicht da, was keine große Überraschung ist. Sie würden wahrscheinlich auch nicht zu Hause bleiben, wenn Ihnen so etwas passieren würde. Wahrscheinlich ist er nicht einmal mehr auf der Insel.«

Er warf einen Blick auf seine Uhr und fragte sich erneut, was aus dem Mann geworden sei, den er mit Sean zusammenbringen wollte. »Er ist zwar nie pünktlich, aber das hier ist einfach lächerlich.«

»Wer ist der Mann überhaupt?« fragte Kathy.

»Er heißt Ibrahim Raoualt, halb Franzose, halb Libanese, und durch und durch schwul. Er behauptet, eine Zeitlang der Geliebte von Driss gewesen zu sein. Ich weiß zwar nicht, wieviel er über Driss' Geschäfte weiß, aber da Sie so interessiert waren, dachte ich, Sie würden vielleicht gerne einmal mit ihm reden. Er war auch durchaus bereit, Ihnen alles zu erzählen, was er wußte. Er hat mir fest versprochen, zu kommen. Warten Sie einen Augenblick. Ich rufe ihn an.«

Zehn Minuten später war er wieder zurück. »Sehr komisch«, murmelte er. »Der Typ, der ans Telefon kam, hat gesagt, Raoualt hätte heute morgen die erste Fähre genommen. Dann habe ich noch jemand angerufen, einen Barkeeper, der bei Onkel Peter arbeitet. Auch er hatte was mit Driss zu tun. Wer auch immer am Apparat war, hat gesagt, auch er hätte die Insel verlassen. Mit derselben Fähre.«

LABOUR DAY WOCHENENDE

»Wagen? Wollen Sie einen Wagen?« schrien die kleinen Jungen, wenn die Fähren anlegten und ihre Ladung an Wochenendgästen an Land setzten, die fest dazu entschlossen waren, ihre Sonnenbräune zu vervollkommnen und das letzte bißchen Spaß aus der zu Ende gehenden Saison herauszuholen. Ohne sich dessen bewußt zu sein, daß sie wie eine Parodie der Kinder ferner Häfen wirkten, die sich bettelnd an die Touristen hängten, verlangten diese Kinder der Reichen und sehr Reichen fünfzig Cents für den Transport von Gepäck von der Fähre zum Haus.

Ich war eine Woche in der Stadt gewesen und hatte mich mit dem Schriftsteller getroffen, für den ich arbeitete. Jetzt, am ersten Septemberwochenende, war ich wieder zurück. In zwei Wochen würde ich endgültig die Insel verlassen, während die meisten anderen Gäste schon am Labour Day anfingen, ihre Koffer zu packen. In diesen zwei Wochen hatte ich noch viel Arbeit zu erledigen. Der Schriftsteller hatte beschlossen, seinem Buch eine leicht andere Wendung zu geben und brauchte nun ein ganzes Bündel anderer Fakten, die ich zusammensuchen sollte.

Ich nahm mir einen der Jungen, der mir beim Tragen der mitgebrachten Bücher helfen sollte. Kurz vor meinem Haus stieß ich auf Kathy, die gerade aus dem Lebensmittelgeschäft kam. Ihr Gesicht hellte sich auf, als sie mich sah. Als sie hörte, daß ich weggewesen war, sagte sie:

»Dann wissen Sie es ja noch gar nicht?«

»Was?«

»Daß Sean nicht mehr da ist.«

Wir gingen zusammen weiter. Die Karre hinter uns machte einen Höllenlärm. Der kleine Junge schien sich nicht weiter daran zu stören.

»Wieso ist er nicht mehr da?«

»Er hat die Insel für immer verlassen. Hat das Haus geschlossen, die Koffer gepackt und letzten Mittwoch die Mittagsfähre genommen.«

Ich hätte gedacht, daß sie trauriger klingen würde, aber vielleicht überspielte sie ihre Traurigkeit gut, oder aber sie hatte sich schon längst an den Gedanken gewöhnt, daß er eines Tages gehen würde.

An meinem Haus bezahlte ich den kleinen Jungen, und wir setzten die Unterhaltung fort. »Was genau ist denn passiert?«

»Wollen wir nicht lieber ein Stück spazieren gehen? Ich hätte Lust dazu.«

Also gingen wir los, und sie erzählte mir, daß das, was sie und Sean verbunden hatte, schon seit Wochen vorbei sei. »Er hat sich wieder neu in Lise verliebt«, sagte sie, aber sie wußte, daß ich das nicht verstehen würde und versuchte zu erklären. »Er wurde wie besessen von ihr, als er merkte, daß sie nicht die Frau war, für die er sie gehalten hatte. Sie muß ihm wie eine Fremde vorgekommen sein. Er träumte von ihr. Er hat mir erzählt, daß er manchmal nachts allein am Strand saß, und dann spürte er, wie sie von hinten zu ihm kam und ihm die Hände auf die Schultern legte, ihm etwas zuflüsterte. Fast konnte er verstehen, was sie sagte, aber niemals ganz. Und wenn er sich umdrehte, war natürlich niemand da. Aber er war davon überzeugt, daß sie nie weit von ihm entfernt war. Er hatte das Gefühl, wenn er sich nur genug bemühte, könnte er zu ihr durchdringen.« Sie sah mich mit großen, braunen Augen an, und im verblassenden Licht des Freitagnachmittags schienen sie zu brennen.

»Irgendwann merkte ich dann, daß ich ihn verlor. Daß ich ihn verloren hatte.«

Eine Zeitlang gingen wir schweigend weiter. Sie tat mir sehr leid, und auch ich selbst tat mir in diesem Augenblick leid, auch wenn ich nicht genau sagen konnte, weshalb eigentlich.

Inzwischen hatten wir Derain erreicht. Ein großes Clubhaus stand am Strand, mit einer Terrasse voller bunter Sonnenschirme, unter denen Paare saßen und Campari mit Soda tranken. Kathy wandte sich den Dünen zu, machte mir ein Zeichen, ihr die Treppe hinauf zu folgen, ins Innere von Derain. Ich war nie zuvor in Derain gewesen und zögerte auch jetzt. Fremde waren hier nicht gerade willkommen.

Aber niemand hielt uns auf, wenn auch mehrere Leute uns neugierige Blicke zuwarfen, die ich als Zeichen milden Tadels interpretierte. Innerhalb der Siedlungsgrenzen überschatteten Kiefern und Ulmen die stillen Wege, überall blühten Blumen in unglaublicher Farbenpracht, und zwischen den Büschen und Sträuchern plätscherte ungesehen Wasser. Die Häuser waren groß und ausladend, ihre Holzfassaden rötlich, magnolienfarben gebeizt. Sie waren schöner als die Häuser anderswo auf der Insel und wirkten irgendwie dauerhafter, als könnten sie jedem Sturm trotzen, der von der Karibik herbeiwehen mochte.

An dem Zaun entlang, der sich von Canticle im Westen bis zum östlichen Rand von Derain hinzog, verliefen zwei Reihen alter, verrosteter Eisenbahnschienen. Was für einen Zweck die Schienen einmal gehabt haben mochten, war nicht mehr zu sagen. Auch Kathy wußte es nicht.

Nicht weit entfernt von den Schienen kamen wir an ein Haus, das zu beiden Seiten durch dichte Kiefern von den Nachbarn abgeschirmt war. Es war in der Form eines Trapezoids erbaut und hatte Wände aus schiefergrauem Holz. Die wenigen Fenster waren so ungewöhnlich geformt wie das Haus selbst, und ich ahnte bereits, wem das Gebäude gehörte. »Marvin Driss?«

Der Anflug eines Lächelns erschien auf ihren Lippen.

»Sie haben ihn noch nicht gefunden, nicht wahr?«

»Nein, und sie werden ihn auch nicht finden.«

»Dann hatte dieser Art also recht? Er hat die Insel verlassen?«

Sie schüttelte den Kopf und sagte: »Nein, das auch nicht.«

»Was dann? Hat jemand ihn umgebracht?«

»Sie konnten ihn nicht umbringen. Sie konnten nicht, weil es ihn nie gegeben hat.«

Ich dachte, das sei ein Witz, aber es war keiner. »Aber all seine Affären, die Briefe, die er an Lise schrieb, das Boot, das Haus? Wie kannst du da sagen, daß es ihn nie gegeben hat?«

»Er war eine Erfindung, eine Schöpfung. Genau so wie dein Schriftsteller seine Charaktere erfindet. Nur daß die Leute, die Marvin Driss erfunden haben, es nicht auf dem Papier taten, sondern im richtigen Leben. Art hat sich ein bißchen umgehört. Er hat Quittungen verglichen, die Driss in den verschiedenen Restaurants und Geschäften unterschrieben hat. Es war nicht immer dieselbe Unterschrift. Sie ähnelten sich zwar, aber es war nicht dieselbe Schrift. Und dann bekam er ein Foto von Driss in die Finger. Er ließ sich nicht gern fotografieren, aber irgend jemand hatte ein Foto von ihm, auf einer Party. Art zeigte das Foto anderen Leuten, die behaupteten, Driss zu kennen, und sie sagten, das wäre er nicht. Aber derjenige, der das Foto gemacht hatte, sagte ebenso steif und fest, es gäbe absolut keinen Zweifel daran, daß es Driss sei. Und irgendwann hatte Art so viele Beweise zusammen, daß zumindest er und Sean davon überzeugt waren, daß Driss eine Erfindung ist.

Weißt du, die Leute, die ihn sich ausgedacht haben, besorgten sich einfach ein paar arbeitslose Schauspieler, gutaussehende Jungs, wie sie zu Hunderten in den New Yorker Kneipen jobben. Es ist gar nicht schwer, Leute zu finden, die sich zumindest vom Typ her ähneln. Die Jungs bekamen eine Menge Geld und genaue Anweisungen, wie sie sich zu verhalten hatten, wann sie Parties geben mußten, wen sie aufgabeln sollten. Sie arbeiteten meistens nachts, in Aerie oder The Eves. Und wenn ein Typ dich aufgabelt und dir erzählt, er wäre Marvin Driss, und dann bringt er dich in dieses Haus –« sie zeigte auf das stille Haus vor uns, »würdest du dann sagen, daß er lügt? Du hast so einiges gehört. Es ist dunkel. Es gibt viel zu trinken, viel zu rauchen. Vielleicht hast du zuviel Koks gehabt. Du erinnerst dich nicht genau daran, wie die Leute aussahen. Und die Polizei wurde bestochen, sehr diskret natürlich, über Mittelsmänner. Wenn du genug Geld hast, sind Mittelsmänner kein Problem.

Aber das war noch nicht genug. Sie setzten alle möglichen Dokumente in die Welt. Papiere, Aktennotizen, Verträge, Briefe, wie die Liebesbriefe an Lise. Kurz gesagt, ausreichend Beweise, die mit der Zeit, vielleicht im Verlauf von zwei oder drei Jahren, jeden von seiner Existenz überzeugt haben würden.«

»Aber warum?«

»Rauschgift. Kokain, Marihuana, vielleicht auch Heroin, meint Sean, obwohl er sich dessen nicht ganz sicher ist. Marvin Driss wurde aus dem einen Grund geschaffen, die Polizei und das FBI abzulenken von den Leuten, die in Wahrheit hinter der Sache steckten.«

Wir gingen weiter. Irgendwann würden wir an das Tor kommen, das nach Canticle führte, aber wir würden jemand brauchen, der uns herausließ. Schließlich hatten wir keinen Schlüssel.

»Und was hat Lise mit der ganzen Sache zu tun?«

»Sie gehörte dazu. Sie gehörte zu den Leuten, die das Rauschgift hereinschmuggelten. Ich weiß nicht, wann sie Sean die Briefe finden lassen wollte, wahrscheinlich zu einem Zeitpunkt, an dem sie und ihre Freunde bereit waren, die Organisation aufzulösen und die Insel zu verlassen. Wenn sie nicht ermordet worden wäre, würde die Organisation, die sie aufgezogen hatten, wahrscheinlich immer noch funktionieren.«

»Und diese Freunde von Art, die damals in The Eves nicht kamen? Dieser Ibrahim und der Barkeeper?«

»Ich weiß es zwar nicht sicher, aber bestimmt gehörten auch sie zur Organisation. Ich habe mit Art noch neulich gesprochen. Er sagt, er glaubt, daß Lises Tod alle in Panik versetzte. Sie dachten, einer von ihnen hätte sie ermordet, aber niemand wußte, wer es gewesen sein könnte, oder weshalb. Deshalb beschlossen sie, den Plan aufzugeben. Art denkt, daß sie die letzte Lieferung absichtlich in die Hände der Polizei fallen ließen, daß sie absichtlich eine Vollmondnacht ausgesucht haben, damit die Küstenwache sie auch ganz sicher entdecken würde.«

»Dann war also das Leben, das Lise geführt hat, nichts als Theater?«

»Ich weiß es nicht. Soweit würde ich eigentlich nicht gehen«, sagte Kathy. »In gewisser Weise war es wohl schon eine Rolle. Wahrscheinlich hatte jeder eine bestimmte Rolle zu spielen. Vielleicht war dieser Ibraham Rauoalt gar nicht schwul, sondern tat nur so. Vielleicht war niemand das, was er zu sein vorgab. Das alles war sehr ausgetüftelt und bizarr. Wenn Millionen von Dollar auf dem Spiel stehen, muß das wohl so sein. Aber bei Lise bin ich mir nicht sicher, ob nicht doch auch etwas Reales mit im Spiel war. Vielleicht wollte sie wirklich eine Familie haben. Aber wer weiß, wer sie wirklich war, wie sie wirklich hieß, woher sie wirklich kam. Niemand weiß aus erster Hand etwas über sie, bevor sie Sean kennenlernte, bevor sie auf diese Insel kam. Nur das, was sie selbst erzählt hat. Vor vier Jahren war Florida überschwemmt mit Marihuana und Kokain. Sean vermutet, daß sie von dort kam, daß sie mit ihren Freunden weiter die Küste heraufzog, als die Küstenwache dort unten anfing, ihre Patrouillen im Golf zu verstärken.

Aber eines weiß ich ganz sicher«, sagte sie, und ihre Stimme brach fast dabei. »Sie hat Hillary geliebt. Sie hat die Kleine über alles geliebt. Das war kein Theater. Das war echt. Sehr, sehr echt.«

Tränen standen in ihren Augen. Sie wischte sie fort. Dann nahm sie plötzlich meinen Arm und zog mich näher an sich, und wir gingen zurück nach Harbor Light.

Es gab noch eine wichtige Frage, die Kathy nicht erwähnt hatte, auf die weder sie noch Sean die Antwort gefunden hatte. Wer hatte Lise Cummings ermordet?

AM STRAND

Gegen drei Uhr machte ich Pause von der Arbeit, sonnte mich ein bißchen, als ich ihn sah. Ich weiß nicht, woher er gekommen war, aber plötzlich war er da. Es war kurz vor dem fünfzehnten September, und obwohl das Wetter noch sommerlich war, nahm die Insel schon das halbverlassene Aussehen an, das sie im Winter hatte. Vor allem der Strand war leer, und oft mußte man weite Strecken gehen, bevor man jemandem begegnete. Deshalb fiel mir auch gleich auf, wie er auf einem vom Wasser glattgeschmirgelten Balken saß, den die Flut angeschwemmt hatte.

Sein Bart war noch wilder, die braunen Haare noch strähniger als das letzte Mal, als ich ihn gesehen hatte, aber abgesehen davon hatte er sich seit der Nacht im Rock Candy nicht sehr verändert. Es dauerte eine Weile, bis ich mich wieder an seinen Namen erinnern konnte: Joe Cassidy.

Er hatte auf der Insel nichts zu suchen. Die Polizei hatte das unmißverständlich klargemacht, als sie ihn damals wieder auf freien Fuß setzten. Aber er war nun einmal kein Mensch, der sich so einfach etwas befehlen ließ, und sicherlich war er nur wiedergekommen, um zu beweisen, daß niemand ihm vorschreiben konnte, was er mit seinem Leben zu tun hatte. Außerdem war mir aufgefallen, daß eine ganze Anzahl von Inselpolizisten im Laufe der letzten Zeit ersetzt worden waren. Trotz Arts Vorhersage, die Zeitungen würden überquellen von einem riesigen Skandal, hatte ich nur immer wieder von Abschiedsfeiern für Polizisten gelesen, die in den Ruhestand gingen. Ihre Nachfolger würden natürlich nicht wissen, wer Joe Cassidy war, oder weshalb er nicht auf Meridian Island sein durfte.

Über den Schultern trug er einen Rucksack, und an seiner Seite hing einer dieser federleichten Daunenschlafsäcke in einem Nylonbeutel. Es war klar, daß er im Freien übernachtet hatte, wahrscheinlich im Park weiter im Osten. Während ich ihn beobachtete, öffnete er eine braune Papiertüte und nahm ein Stück Käse heraus. Dann zog er aus einer Scheide, die mir bis dahin nicht aufgefallen war, ein Messer, das viel länger und schärfer war, als der Zweck es erforderte.

Er schnitt sich eine Scheibe Käse ab und schlang sie herunter. Diesen Vorgang wiederholte er, bis von dem Käse nichts übrig war als die schwarze Rinde. Als er fertig war, hob er das Messer an die Lippen und kratzte die letzten Käsereste zwischen den Zähnen hervor.

Erst in diesem Augenblick schien er mich zu bemerken. Sein Blick richtete sich auf mich, und er sah mich lange prüfend an. Ich bezweifelte, daß er mich wiedererkannte, aber bestimmt hatte er das Gefühl, mich schon irgendwo gesehen zu haben. Seine Augen waren tiefdunkel und wirkten fast fiebrig. Sean hatte recht gehabt. Er war wirklich ein Außenseiter, ein Fremder überall, ein Einzelgänger, der nirgendwo hingehörte.

Und dann wußte ich über jeden Zweifel hinweg, daß er es war, der Lise getötet hatte. Aber wie er es geschafft hatte, das Messer loszuwerden und die Polizei von seiner Unschuld zu überzeugen, das waren Dinge, die ich niemals herausfinden würde.

Einen Augenblick lang durchfuhr mich eiskalt der Gedanke, daß Sean ihn beauftragt haben könnte, seine Frau zu töten, und ihm dann dabei geholfen hatte, wieder freizukommen. War es möglich, daß er vor Lises Tod herausgefunden hatte, wer sie in Wirklichkeit war, und daß er sich so gerächt hatte? Vielleicht hatte er nur so getan, als stelle er Nachforschungen über ihre Vergangenheit an. Vielleicht hatte er alles schon vorher gewußt. Oder vielleicht hatte Lise ihm auch eines Tages selbst alles erzählt, um sich von der Last des Geheimnisses zu befreien.

Aber schon vor langer Zeit hatte ich entschieden, daß Sean an ihrem Tod unschuldig war. Auch unschuldig an ihrem Leben. Nein, entschied ich, es mußte dieser Mann gewesen sein, dieser Einzelgänger, dieser geheimnisvolle Mensch, der sie ermordet hatte. Sean hatte ihn zu sich eingeladen, hatte ihm vielleicht zeigen wollen, daß es auf dieser Welt noch Menschen gibt, die sich um Einzelgänger kümmern und sorgen, die sie willkommen heißen, damit sie sich nicht ganz so abgeschnitten fühlen müssen. Und er hatte darauf reagiert, indem er Lise tötete, als wolle er Sean damit beweisen, daß er sich irrte, daß er sich schrecklich und auf nicht wiedergutzumachende Art irrte.

Er würde nie wissen, was er mit seiner Gewalttat alles verursacht hatte. Durch den Mord an Lise hatte er die Vorhänge heruntergerissen, die Kulissen umgeworfen, den ganzen Aufbau demoliert, die Scheinwerfer zerbrochen, ein Stück beendet, das einen ganz anderen Höhepunkt, einen ganz anderen Schluß hätte haben sollen. Er würde es nie wissen, aber selbst wenn er es erfuhr, würde es ihm nichts ausmachen. Dessen war ich sicher.

Langsam richtete er sich auf. Er schien sein Interesse an mir verloren zu haben. Er rückte seinen Rucksack zurecht, zerknüllte die Papiertüte und warf sie auf den Strand. Dann schlenderte er unbekümmert nach Osten, den Weg zurück, den er gekommen war, zu dem Punkt, an dem die Insel aufhörte und es nichts gab als dreitausend Meilen Wasser bis zum nächsten Quadratzentimeter festen Bodens.

Originaltitel: THE BAY SIDE OF NEPTUNE STREET, Mitte 9/83
Übersetzt von Brigitte Walitzek

JIM THOMPSON

von Klaus E. R. v. Schwarze

Seine Hölle auf Erden ist wirklich vom Besten! Urteilte der deutsche PLAYBOY im März 1984 über Jim Thompson. Und auch mit seinem Psycho-Thriller *NACH EINBRUCH DER DUNKELHEIT* (*After dark, my sweet*) beweist dieser Autor einmal mehr, daß es keiner so wie er versteht, die Abgründe der menschlichen Seele zum Schauplatz von Schauderschock, Irrwahn, Schizoschüben und Brutalorgasmen zu machen!

Achtundzwanzig Romane, Drehbücher zu Filmen und Fernsehserien, Verfilmungen wie *Der Saustall* von Bertrand Tavernier, *Getaway* von Sam Peckinpah, *Der Mörder in mir* von Burt Kennedy und *Die Rechnung geht nicht auf* von Stanley Kubrick, eine Filmrolle, unzählige Kurzgeschichten – kein Zweifel, es hat ihn gegeben, diesen James Myers Thompson, der sich Jim Thompson nannte. Doch je mehr man versucht, sich mit ihm zu beschäftigen, desto mehr scheint er sich jedem Zugriff zu entziehen. Und was man bis heute wirklich von ihm weiß, ist eigentlich herzlich wenig!

Geboren wurde er 1906 in Anadarko (Oklahoma), wo sein Vater Marshal eines Indianerreservats war. Von mütterlicher Seite her floß Indianerblut in den Adern des Jungen, der mit vierzehn Jahren zu schreiben begann und mit fünfzehn Jahren seine erste Kurzgeschichte verkaufte. In der Folgezeit schrieb er für THE TRUE DETECTIVE MAGAZINE, THE SAN DIEGO MIRROR, THE NEW YORK DAILY NEWS, AMERICAN FOLKLORE, SAGA MAGAZINE, dessen Chefredakteur er später einmal wurde, ELLERY QUEEN'S MYSTERY MAGAZINE und THE LOS ANGELES TIMES MIRROR, bis er 1942 mit *NOW AND ON EARTH* (*Jetzt und auf dieser Welt*) seinen ersten Roman veröffentlichte. Im Februar 1931 lernte er in Lincoln (Nebraska) seine spätere Frau Alberta kennen. Sie heirateten am 16. September 1931 in Marysville (Kansas) und hatten drei Kinder – Patricia (9. September 1932), Sharon (24. Dezember 1936) und Michael (17. Mai 1938), der zwar geistig etwas zurückgeblieben war, immerhin aber doch genügend

Köpfchen besaß um seinen Vater ein Leben lang finanziell auszunutzen. Dieser Sohn war es auch, mit dem Alberta ihren Mann in späteren Jahren moralisch erpreßte, um ihn an sich zu binden und ihm, der in permanenten Finanznöten steckte, immer wieder Gelder zu entlocken, die angeblich für diesen Jungen bestimmt waren, in Wirklichkeit aber der Finanzierung ihres luxuriösen Lebensstils dienten. Niemand weiß, was aus Frau und Kindern geworden ist. James »Jim« Myers Thompson aber starb 1977 mit 71 Jahren – zeitlebens verkannt und ein Wrack an Körper und Seele!

Keine illustre Vita, keine Biographie zum Herzeigen. Aber vielleicht ein Lebenslauf, der, so bruchstückhaft er auch sein mag, ein wenig Licht in jenes Dunkel zu bringen vermag, in dem seine erst in den letzten Jahren immer größer werdende Lesergemeinde tappt. Ein Lebenslauf, der vielleicht eine Frage beantworten kann: Wo liegt der Grund dafür, daß Jim Thompson zu einer ganz bestimmten und für ihn unverwechselbar typischen Grundthematik gefunden hat, die sich in all seinen Büchern wiederfindet?

Keine superschlauen Kommissare, keine gerissenen Agenten, keine windig-wendigen Privatdetektive, keine Phil Marlowes, James Bonds und Sam Spades sind die Helden seiner Romane, sondern die Macken der Psyche. Seine Helden sind in Wirklichkeit Antihelden, Seelenkrüppel, kaputte Typen, in sich gebrochene Menschen – körperlich schizophren und psychisch kastriert! Es sind erbärmliche Kreaturen, die in ihrem ausweglosen Geworfensein in eine Hölle, die weniger die anderen, als sie selbst sind, zum Amoklauf gegen Gott und die Welt ansetzen. Jim Thompsons ureigene Kreation für die Mord-und-Totschlag-Literatur ist keine Schnüffelnase der ganz besonderen Art, sondern der Typ des geisteskranken Ich-Erzählers, der einen das Gruseln lehrt. Der mordlüsterne Wolf im Schafspelz, den Schizoschocks beuteln, Wahnideen narren und psychopathischer Weiberhaß zwacken. Schon Nick Corey, der als Killer von Gottes Gnaden durch Blut watet (*1280 schwarze Seelen*), und Lou Ford, der Leichen sammelt wie andere Briefmarken (*Der Mörder in mir*), bereiteten ihren Lesern schlaflose Nächte. Und so wird es auch mit William »Kid« Collins, genannt Collie, sein, wenn auch der geistesgestörte Ex-Boxer, der nach einer gründlich verpatzten Kindesentführung dadurch Selbstmord begeht, daß er die Frau, der er sich in Haß-Liebe verbunden fühlt, dazu bringt, ihn zu erschießen, in *NACH EINBRUCH DER DUNKELHEIT* zum Sympathieträger wird. Doch das lenkt nicht ab von der Frage, die sich immer zwingender stellt mit jedem neuen Roman von Jim Thompson, der aus der Versenkung auftaucht: Wie findet ein Autor, der in den wenigen Zeugnissen, die es über ihn gibt, als menschenfreundlich, liebenswert, vertrauensselig und sehr engagiert in politischen Fragen und im Kampf gegen den Rassismus geschildert wird, seine pessimistischen und verzweiflungsvollen Themen. Wie findet er zu jenem Abschaum der Menschheit, den er für wert erachtet, für ein paar Buchseiten lang zum Leben erweckt zu werden? Ist das nicht schizophren?!

Es ist schizophren! Und es ist zu verstehen aus ganz bestimmten Details seiner Biographie. Denn tief in der Seele dieses nach außen so geselligen und loyalen Menschen muß wohl der Haß gewütet haben – der Haß auf das Schicksal, auf die Welt, auf sein Leben und auf seine Familie! Schon lange vor 1952, als sein Lieblingsbuch *Der Mörder in mir* erschien, wollte er sich scheiden lassen. Er war sehr unglücklich in seiner Ehe und ließ in Gesprächen kein gutes Haar an seiner Frau, an seiner Familie und ganz besonders an seinem Sohn, der ihn gewissermaßen zwang, sich mit dem geistig Anormalen zu befassen, das schon früh zur zentralen Thematik seiner Bücher wurde. Er wollte aussteigen, ein anderes, neues Leben beginnen! Doch selbst dann, als er in den frühen fünfziger Jahren eine sehr tiefe Beziehung zu einer Frau in New York aufnahm, weigerte sich Alberta, in die Scheidung einzuwilligen. Der strengen Katholikin war es lieber, das Seelenchaos einer gescheiterten Ehe mit dem äußeren Schein intakter Gutbürgerlichkeit zu bemänteln, als einen ehrlichen Schlußstrich zu ziehen. Aus dieser Zeit stammt ein Statement Jim Thompson auf die Frage, was ihn eigentlich auf die Idee zu seinen Romanen bringe. Er, der, wie er einmal sagte, erst nach der Lektüre von Karl Marx begann, die Welt zu verstehen, und in all seinen Büchern ein düsteres Bild der kapitalistischen Gesellschaft der Vereinigten Staaten zeichnete, antwortete: »In der gesamten Literatur gibt es nur ein einziges Thema, und das ist das Thema des Don Quichotte – das Farcenspiel von Schein und Wirklichkeit in einer morbiden Welt, in der die Dinge nun einmal nicht so sind, wie sie zu sein scheinen!« Während nach außen der Schein gewahrt wurde, machte Alberta ihm das Leben zur Hölle, die Ehe zu einem Gefängnis. Sie knechtete ihn in ein Joch, dem er nur noch durch den Alkohol entfliehen konnte. Wann immer er ihr entwischen konnte, flüchtete er an seinen Tisch bei Musso & Frank am Hollywood Boulevard, um seinen Kummer und Schmerz mit Jack Daniels zu betäuben. Alberta entließ ihn nicht nur nicht in die Freiheit, sie hatte auch Unmenschliches von ihm verlangt, was die Schizophrenie und den psychoanalytisch verankerten Frauenhaß seiner Helden erklärt. Da sie nach der Geburt ihres dritten Kindes im Jahre 1938 keine Kinder mehr haben wollte, als strenge Katholikin aber jede Form von Schwangerschaftsverhütung ablehnte, hatte sie ihn gezwungen, sich sterilisieren zu lassen. Sie selbst war nicht bereit, diese Sünde auf sich zu nehmen! Und der Mann, Jim Thompson, ließ sich seine Männlichkeit nehmen für eine Frau, zu der seine Liebe immer mehr erkaltete, die ihn aber trotzdem nie in jene Freiheit entließ, in der er einen neuen Anfang hätte machen können. Der blanke Wahnsinn! Lou Ford, der verzweifelte Killer, Nick Corey, der seinen Mangel an Männlichkeit im Blutrausch kompensiert, und Kid Collins, der in der Erkenntnis der Wertlosigkeit der eigenen Existenz die geliebte Frau zu seiner Mörderin machte, rücken in greifbare Nähe...

1972 und 1973 schrieb Jim Thompson seine beiden wohl typischsten und besten Romane – *Child of rage* (*Kind des Zorns*) und *King blood* (*König Blut*). Es folgte zwar noch ein bisher unveröffentlichtes Romanfragment, aber das Jahr 1973 war das Ende des Menschen, Mannes und Autors Jim Thompson. Dem Alkohol verfallen, fast blind, körperlich und geistig geschwächt, am ganzen Körper zitternd, die Leber kaputt, die Milz auch, nur noch mit halbem Magen – so vegetierte er erloschen als seelischer und körperlicher Krüppel, als *Nothing man* (wie der Titel eines seiner Romane lautete: *Der Mann, ein Nichts*) dem Ende entgegen. Einem Ende, das er nicht schrecklicher und zynischer einem seiner Helden auf den Leib hätte schreiben können...

Robert B. Parker

Bodyguard für eine Bombe

Ullstein Buch 10103

ein Ullstein Krimi

Rachel Wallace ist eine militante Feministin. Ihr neustes Buch schlägt wie eine Bombe ein, denn es prangert Mißstände an und nennt die dafür Verantwortlichen beim Namen. Als ihr anonyme Anrufer mit Mord drohen, engagiert sich Rachel den Privatdetektiv Spenser als Bodyguard.
Doch auch Rachel ist explosiv. Im falschen Moment geht sie vor Wut hoch und entläßt Spenser. Darauf haben ihre Feinde nur gewartet. Jetzt haben sie freie Bahn ...

»Parker ist der beste Autor auf diesem Gebiet der Literatur.« THE NEW REPUBLIC